决胜

全面建成小康社会九讲

主编/程勤

副主编/李斌 姚芳 廖莉娟 王啸岩

人民东方出版传媒
東方出版社

序言

中华人民共和国在壮丽的凯歌声中走过了 70 多年的峥嵘岁月，走过了改革开放 40 多年的伟大变革历程。伴随着 2020 年的钟声，中国广袤大地吹响了决胜全面建成小康社会的冲锋号。习近平主席在 2020 年新年贺词中指出，2020 年是具有里程碑意义的一年。我们将全面建成小康社会，实现第一个百年奋斗目标。[①]2020 年全面建成小康社会，这是我国作出的庄严承诺，更是中国人民盼望已久的伟大梦想。今天，我们有把握历史机遇的强大自信，有取得更大发展成就的豪情壮志，更有无比强大的信心、底气和能力去实现这一目标。目标趋近之际，成功触手可及，世界目光汇聚于此，我们正在书写人类发展历史上的伟大奇迹，千百年来困扰中华民族的绝对贫困问题将在这一年历史性地画上句号，成为世界减贫史上的一座丰碑。

“民亦劳止，汔可小康。”这是“小康”一词在中国古籍中的最早出处。作为一种理想的生活方式，“小康”在中国人民的心中有着历久弥新的魅力。从“小康”到总体小康再到全面小康，中国共产党不断赋予“小康”

---

①《国家主席习近平发表二〇二〇年新年贺词》，载《人民日报》2020 年 1 月 1 日。

新的内涵，体现了中国共产党人实事求是、开拓进取、与时俱进、全心全意为人民服务的价值追求，不断开拓着中国特色社会主义新境界。改革开放总设计师邓小平在会见日本首相大平正芳时的谈话中，根据我国经济发展的实际情况，第一次提出将“小康”作为实现“四个现代化”的中国标准，指出:“我们要实现的四个现代化，是中国式的四个现代化。我们的四个现代化的概念，不是像你们那样的现代化的概念，而是‘小康之家’。”[①]1984年3月25日，邓小平会见日本首相中曾根康弘时提出了到20世纪末建立一个小康社会的战略构想。人民生活达到“小康水平”，是指在温饱的基础上，生活质量进一步提高，达到丰衣足食。党的十六大报告用六个“更加”，进一步明确了全面建设小康社会的任务，要全面建设一个惠及十几亿人口的更高水平的小康社会，使经济更加发展、民主更加健全、科教更加进步、文化更加繁荣、社会更加和谐、人民生活更加殷实。党的十八大报告提出，在十六大、十七大确立的全面建设小康社会目标的基础上，努力实现经济持续健康发展，人民民主不断扩大，文化软实力显著增强，人民生活水平全面提高，资源节约型、环境友好型社会建设取得重大进展，确保到2020年实现全面建成小康社会宏伟目

---

①《邓小平文选》第二卷，人民出版社1994年版，第237页。

标。党的十八大以来，习近平总书记在不同场合，围绕全面建成小康社会多次作出重要指示，为全面建成小康社会提供了建设依据和实践途径，擘画了一幅全面建成小康社会的蓝图愿景，表现了对于全面建成小康社会的强大信心和打赢脱贫攻坚战的坚定决心。

全面建成小康社会是我们党提出的第一个百年奋斗目标，2019 年是全面建成小康社会的关键一年。经过全年的努力，全面建成小康社会取得了新的重大进展，特别是三大攻坚战成效显著。在经济领域，我国 GDP 总量达 99.1 万亿元，GDP 增速为 6.1%，人均 GDP 突破 1 万美元大关，人均可支配收入超过了 3 万元人民币，我国经济发展的韧性持续显现，为 2020 年决胜全面建成小康社会提供了坚强保障，为 2020 年最终全面建成小康社会奠定了胜局；在精准脱贫方面，扶贫工作力度、深度和精确度都达到了新的水平，全国又有 340 个贫困县摘了帽，“十三五”易地扶贫搬迁任务基本完成，全国又有 1109 万农村贫困人口实现了脱贫，连续 7 年脱贫人数在 1000 万人以上，按现行贫困标准，2019 年农村贫困人口降到 551 万人。在污染防治方面，2019 年清洁能源消费量占能源消费总量的比重约为 24%，比 2018 年提高了 1.0 个百分点左右。全国 337 个地级及以上城市的空气质量平均优良天数比例为 82%，细颗粒物 PM2.5 未达标的地级及以上城市平均浓度比 2018 年下降了2.4%。全国地表水1–3类水质断面比例比2018年上升了3.9个百分点，劣五类的比例下降了3.3个百分点。在防范化解重大风险方面，2019年我国宏观杠杆率基本稳定，微观杠杆率稳步下降，银行业、金融机构不良贷款率较低，拨备覆盖率较高，资产质量较为稳健。2019年11月末，全国地方政府债务余额为21.3万亿元，财政金融体系整体健康，风险可防可控。全面建成小康社会已经取得重大进展，要立足现有的基础，坚定决胜的意志，突出抓重点、补短板、强弱项，确保全面建成小康社会目标圆满完成。①

决胜全面建成小康社会，意味着经济要高质量发展、人民生活水平和质量要普遍提高、国民素质和社会文明程度要显著提高、生态环境质量要总体改善、各方面制度要更加成熟更加定型。全面建成小康社会是国家发展战略的重大阶段性目标，正确厘清全面建成小康社会与国家发展战略的关系，才能决胜全面建成小康社会。要以新发展理念引领决胜全面建成小康社会；统筹推进“五位一体”总体布局是着眼于全面建成小康社会、实现社会主义现代化和中华民族伟大复兴，推进中国特色社会主义事业作出的总体布局；坚定实施科教兴国战略、人才强国战略、创新驱动发展战略、乡村振兴战略、

① 《国家统计局局长就2019年全年国民经济运行情况答记者问》，载国家统计局网站2020年1月17日。

区域协调发展战略、可持续发展战略、军民融合发展战略是全面建成小康社会的战略举措；坚决打赢三大攻坚战是全面建成小康社会的基础；中国共产党领导是中国特色社会主义最本质特征，是全面建成小康社会的根本保证。

习近平主席在2020年新年贺词中指出：“冲锋号已经吹响。我们要万众一心加油干，越是艰险越向前，把短板补得再扎实一些，把基础打得再牢靠一些，坚决打赢脱贫攻坚战，如期实现现行标准下农村贫困人口全部脱贫、贫困县全部摘帽。”[①] 要实施好积极的财政、货币以及就业、产业、区域等政策，确保经济在合理的区间持续运行，实现量的持续增长和质的稳步提升；持续推进供给侧结构性改革，加快重点难点关键领域改革，大力推动区域协同稳步发展；要集中优势兵力、汇聚人民力量，打好深度脱贫的歼灭战，不断巩固脱贫攻坚成果，严厉打击“虚假式”脱贫、“算账式”脱贫、“指标式”脱贫、“游走式”脱贫等问题，坚决遏制新发生脱贫人口和返贫人口激增问题。坚持走绿色发展的脱贫道路，打好污染防治攻坚战，开展蓝天碧水净土保卫战，持续推动生态环境质量好转。要完善风险治理机制，坚持底线思维，建立健全风险研判，抓好源头风险防控；要积

① 《国家主席习近平发表二〇二〇年新年贺词》，载《人民日报》2020年1月1日。

极改善民生，确保困难群众基本生活得到有效保障，大力补齐教育、医疗、养老、住房等民生短板。

现在的中国是一个有着 14 亿人口的大国，决胜全面建成小康社会和“十三五”规划的圆满收官，要在中国共产党的领导下正确前行。这不仅需要党员干部身先士卒、率先垂范，更要始终紧紧依靠人民。曙光在前，重任在肩，我们要增强“四个意识”、坚定“四个自信”、做到“两个维护”，始终在思想上政治上行动上同党中央保持高度一致，紧扣全面建成小康社会目标任务尽职尽责、担当作为，以坚如磐石的信心、只争朝夕的劲头、坚韧不拔的毅力，不辱历史的使命、不负人民的重托，确保小康路上一个都不掉队，夺取决胜全面建成小康社会的伟大胜利，进而实现中华民族的伟大复兴。

目录

CONTENTS

第一讲

全面建成小康社会是共产党人作出的郑重承诺

全面建成小康社会，承载着中华民族孜孜以求的美好梦想，是中国共产党人一以贯之的奋斗目标，是中国特色社会主义进入新时代的重大历史任务，是基本实现现代化，进而全面建成社会主义现代化强国的坚实基础。2020 年是全面建成小康社会的收官之年、决胜之年。全面建成小康社会，实现第一个百年奋斗目标，是我们党向人民、向历史作出的庄严承诺，这既是不屈不挠、长期奋斗的果实，更是启航新征程、扬帆再出发的总动员。

一、全面建成小康社会的提出及内涵

小康社会，是中华民族自古以来追求的理想社会状态。“小康”一词的出现，最早可以追溯到《诗经·大雅·民劳》，其中有“民亦劳止，汔可小康。惠此中国，以绥四方”的名句。意思是百姓劳作辛苦了，可以稍作休整了，惠及王畿的民众，以安抚四方之民。这里的“小康”是休息、康乐的意思，与作为理想社会象征的“小康”含义是不同的。“小康”作为理想社会的代名词可追溯到《礼记·礼运》，其中指出：“今大道既隐，天下为家，各亲其亲，各子其子，货力为己，大人世及以为礼。城郭沟池以为固，礼义以为纪；以正君臣，以笃父子，以睦兄弟，以和夫妇，以设制度，以立田里，以贤勇知，以功为己。故谋用是作，而兵由此起。禹、汤、文、武、成王、周公，由此其选也。此六君子者，未有不谨于礼者也。以著其义，以考其信，著有过，刑仁讲让，示民有常。如有不由此者，在势者去，众以为殃。是谓小康。”在这里，“小康”代表一种不同于大同社会的理想社会状态。大同社会是最高的理想社会形态，指的是一种经济基础公有、社会文明完善、社会保障健全、社会运行安定有序的状态，是建立在道德自觉基础上的理想的秩序社会。小康社会与大同社会相比，是低一等级的社会，虽然也是秩序社会，但它是建立在土地私有制基础上，以礼仪和利益分配为基础形成的秩序社会。到了近代，受西方文化特别是进化论的影响，小康社会逐渐发展成为通往大同社会的中间环节。随着时代的发展，“小康”被赋予了越来越丰富的内涵。“小康”“小康生活”逐渐成为“吃饱喝足、略有结余”“薄有家财、安居乐业”的代名词。“小康”成了人们孜孜以求的社会理想，并为之不断辛勤劳作、奋斗。但在漫长的封建社会，在等级压迫和剥削之下，“小康”只能是人们的一种可望而不可即的梦想。

中国共产党自成立之日起，就肩负着实现民族独立、国家富强、人民幸福的伟大历史使命。历经28年艰苦卓绝、前仆后继的浴血奋战，中国共产党带领中国人民实现了民族独立和人民解放的历史使命。中华人民共和国的成立使“中国人民从此站起来了”，极大地提升了民族自尊和自信，但中国在经济和社会发展水平上依然很落后。毛泽东曾将中华人民共和国成立之初的国情概括为“一穷二白”。为尽快改变这种现状，实现国家富强、民族振兴，以毛泽东同志为核心的党的第一代中央领导集体制定了工业化的目标，希望通过工业化建设把我国从落后的农业国建设成为先进的工业国。以工业化为目标的发展战略制定以后，在过渡时期，结合当时的具体国情，我们党逐步提出了“四个现代化”的建设目标。但是后来发生的长达10年的“文化大革命”使党的工作重心发生了偏移，现代化的发展战略遭到严重破坏。1978年，党的十一届三中全会作出了将全党的工作重点转移到社会主义现代化建设上来的决定。1979年12月6日，在会见日本首相大平正芳时，邓小平用了一个更为通俗易懂的词语来形容“中国式的四个现代化”——小康。他指出，我们要实现的四个现代化，是中国式的四个现代化。我们的四个现代化的概念，不是像日本那样的现代化的概念，而是“小康之家”。2002年11月，党的十六大正式确立了全面建设小康社会的奋斗目标，即“我们要在本世纪头二十年，集中力量，全面建设惠及十几亿人口的更高水平的小康社会，使经济更加发展、民主更加健全、科教更加进步、文化更加繁荣、社会更加和谐、人民生活更加殷实。这是实现现代化建设第三步战略目标必经的承上启下的发展阶段，也是完善社会主义市场经济体制和扩大对外开放的关键阶段。”①

2007年，党的十七大在十六大确立的全面建设小康社会的目标基础之上，提出了五个方面的新要求：增强发展协调性，努力实现经济又好又快发展；扩大社会主义民主，更好保障人民权益和社会公平正义；加强文化建设，明显提高全民族文明素质；加快发展社会事业，全面改善人民生活；建设生态文明，基本形成节约能源资源和保护生态环境的产业结构、增长方式、消费模式。2012年，党的十八大根据经济社会发展的实际进程，从中国特色社会主义总体布局出发，提出到2020年全面建成小康社会的新要求，要根据我国经济社会发展实际，在十六大、十七大确立的全面建设小康社会目标的基础上努力实现新的要求。全面建成小康社会，意味着经济高质量发展、人民生活水平和质量普遍提高、国民素质和社会文明程度显著提高、生态环境质量总体改善、各方面制度更加成熟更加定型。② 从“全面建设小康社会”到“全面建成小康社会”，标志着全面建设小康社会进入最后的冲刺阶段、收官阶段，展现了我们党对于如期全面建成小康社会的必胜信心，实现我们党向人民、向历史作出的庄严承诺。2015年10月，在党的十八届五中全会第二次全体会议上，习近平总书记强调：“今后5年党和国家各项任务，归结起来就是夺取全面建成小康社会决胜阶段的伟大胜利，实现第一个百年奋斗目标。”2017年10月，党的十九大号召全党“决胜全面建成小康社会，夺取新时代中国特色社会主义伟大胜利，为实现中华民族伟大复兴的中国梦不懈奋斗”。在2020年的新年贺词中，习近平主席指出，2020年是具

①《全面建设小康社会，开创中国特色社会主义事业新局面——在中国共产党第十六次全国代表大会上的报告》，载《人民日报》2002年11月18日。

②《习近平新时代中国特色社会主义思想学习纲要》，学习出版社、人民出版社2019年版，第61页。

盛佳鹏／摄

2017年10月18日，中国共产党第十九次全国代表大会在北京人民大会堂开幕。习近平代表第十八届中央委员会向大会作了题为《决胜全面建成小康社会　夺取新时代中国特色社会主义伟大胜利》的报告。
图为大会现场。

有里程碑意义的一年。我们将全面建成小康社会，实现第一个百年奋斗目标。

全面建成小康社会，强调的不仅是“小康”，更重要的也更难做到的是“全面”。“小康”讲的是发展水平，“全面”讲的是发展的平衡性、协调性、可持续性。习近平总书记一再强调，如果到2020年我们在总量和速度上完成了目标，但发展不平衡、不协调、不可持续问题更加严重，短板更加突出，就算不上真正实现了目标。全面小康是经济、政治、文化、社会、生态文明建设五位一体的全面小康，是全面进步的小康，要求经济持续健康发展，人民民主不断扩大，文化软实力显著增强，人民生活水平全面提高，资源节约型、环境友好型社会建设取得重大进展，各个部分不可分割、相互联系、相互促进，任何一个方面的滞后发展都会影响全面建成小康社会的进程。要在坚持以经济建设为中心的同时，全面推进政治建设、文化建设、社会建设、生态文明建设，促进现代化建设各个环节、各个方面协调发展，不能长的很长、短的很短。

全面小康是惠及全体人民的小康。“天地之大，黎元为先”，全面小康覆盖的人口要全面，是惠及全体人民的小康，在全面建成小康社会的道路上，一个都不能少。全面建成小康社会的突出短板主要在民生领域，发展不全面的问题很大程度上也表现在不同社会群体民生保障方面。在保持经济增长的同时，更重要的是落实以人民为中心的发展思想，想群众之所想、急群众之所急、解群众之所困，在学有所教、劳有所得、病有所医、老有所养、住有所居上持续取得新进展。如果只实现了增长目标，而解决人民群众普遍关心的突出问题没有取得进展，即使到时候我们宣布全面建成了小康社会，人民群众也不会认同。

全面小康是城乡区域共同的小康。“小康不小康，关键看老乡”，全面建成小康社会最艰巨最繁重的任务在农村特别是贫困地区，农村贫困人口脱贫是全面建成小康社会最突出的短板，没有农村和贫困人口的脱贫，就没有全国的全面小康。打赢脱贫攻坚战，是全面建成小康社会的底线任务，但是对于缩小城乡区域发展差距这个问题，要辩证地看待。城市和乡村、不同区域承担的主体功能是不同的，缩小城乡区域发展差距，不能仅仅看作缩小国内生产总值总量和增长速度的差距，而应该是缩小居民收入水平、基础设施通达水平、基本公共服务均等化水平、人民生活水平等方面的差距。全面建成小康社会要实事求是、因地制宜。我国幅员辽阔、人口众多，各地区自然资源禀赋差别之大在世界上是少有的，各地发展差距较大，生产力发展水平层次多，不可能是“同一水平小康”，完全没有差距是不可能的，各个地区、各个民族、每个人都达到同一个水平的小康，这既不科学，也不现实。全面建成小康社会，既要坚持一定标准，又要防止好高骛远；既要考虑到2020年这个时间节点，又要立足于打基础、谋长远、见成效。

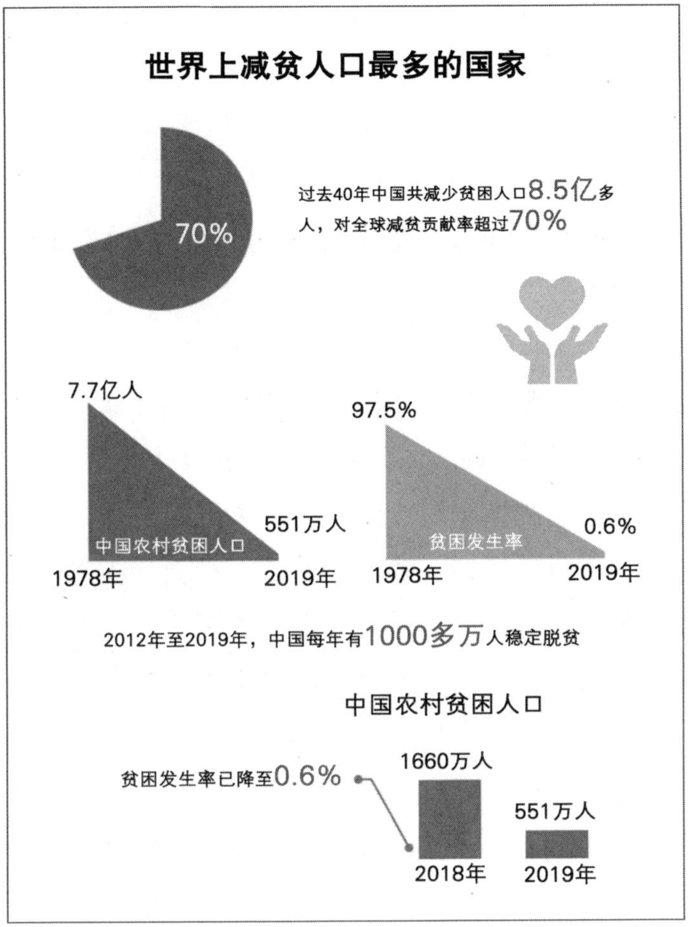

中华人民共和国成立70多年来，创造了一个又一个世界“第一”。这些第一的背后，凝聚着世所罕见的经济奇迹：短短几十年，中国就从一个一穷二白、积贫积弱的国家，一跃成为世界第二大经济体，并且连续多年担当世界经济增长引擎。中国是世界上减贫人口最多的国家，也是率先完成联合国千年发展目标减贫目标的发展中国家。

二、决胜全面建成小康社会的目标要求

从“中国式的四个现代化”小康的提出到总体小康、全面建设小康直至全面建成小康，清晰地展示了我们党对小康社会认识的不断深化。小康社会的目标从最初侧重于解决温饱、发展经济、促进人民生活水平的提高，逐步发展为包括经济、政治、文化、社会、生态文明建设在内的“五位一体”全面小康，小康社会的目标不断发展变化。党的十八大以来，以习近平同志为核心的党中央提出了全面建成小康社会新的目标要求，使我们对小康社会建设的认识和实践又进入了一个新的发展阶段。

2012 年 11 月，党的十八大根据经济社会发展的实际进程，从中国特色社会主义总体布局出发，提出了到 2020 年全面建成小康社会的新要求，提出要根据我国经济社会发展实际，在十六大、十七大确立的全面建设小康社会目标的基础上努力实现新的要求，即经济持续健康发展，人民民主不断扩大，文化软实力显著增强，人民生活水平全面提高，资源节约型、环境友好型社会建设取得重大进展。党的十八届五中全会依据国情发展变化，提出了全面建成小康社会新的目标要求，即经济保持中高速增长，在提高发展平衡性、包容性、可持续性的基础上，到 2020 年国内生产总值和城乡居民人均收入比 2010 年翻一番，产业迈向中高端水平，消费对经济增长贡献明显加大，户籍人口城镇化率加快提高；农业现代化取得明显进展，人民生活水平和质量普遍提高，我国现行标

准下农村贫困人口实现脱贫，贫困县全部摘帽，解决区域性整体贫困；国民素质和社会文明程度显著提高；生态环境质量总体改善；各方面制度更加成熟更加定型，国家治理体系和治理能力现代化取得重大进展。如期实现全面建成小康社会的目标，推动经济社会持续健康发展，必须遵循以下原则：坚持人民主体地位，坚持科学发展，坚持深化改革，坚持依法治国，坚持统筹国内国际两个大局，坚持党的领导。

经济实现高质量发展。发展是解决我国所有问题的关键，经过中华人民共和国成立 70 多年特别是改革开放以来的快速发展，中国经济创造了持续快速增长的奇迹，经济总量稳居世界第二。但是我们也要认识到，过去依靠高投入、高消耗带来的经济快速增长是不可持续的，已经产生了一系列突出问题。例如，我国手机产量位居世界榜首，全球超过 80% 的手机都是在中国生产制造的，但手机中最关键的要素——芯片鲜有国产，大部分都需要进口，这不仅消耗大量外汇，制约信息产业的发展，甚至会严重威胁国家安全。只有推动经济高质量发展，才能为全面建成小康社会筑牢坚实的物质基础。中国特色社会主义进入了新时代，中国的经济发展也进入了新时代，现阶段我国经济发展的基本特征就是由高速增长阶段转向高质量发展阶段。高质量发展是能够很好满足人民日益增长的美好生活需要的发展，是体现新发展理念的发展，是创新成为第一动力、协调成为内生特点、绿色成为普遍形态、开放成为必由之路、共享成为根本目的的发展。更明确地说，高质量发展就是经济发展从“有没有”转向“好不好”。实现经济的高质量发展就是在提高发展平衡性、包容性、可持续性的基础上，主要经济指标平衡协调、发展空间格局得到优化、工业化和信息化融合发展水平进一步提高、产业迈向中高端水平、农业现代化取得明显进展、新产业新业态不断成长、服务业比重进一步上升、迈进创新型国家和人才强国行列。

人民生活水平和质量普遍提高。发展的目的是让人民过上好日子，全面建成小康最终是惠及全体人民的小康。衡量全面建成小康社会的标准要以人民生活水平和质量是否普遍提高为衡量标准，而人民生活水平和质量是否普遍提高要看就业是否比较充分，就业、教育、文化、社保、医疗、住房等公共服务体系是否更加健全，基本公共服务均等化水平是否得到稳步提高。习近平总书记指出，全面建成小康社会突出的短板主要在民生领域，发展不全面的问题很大程度上也表现在不同社会群体民生保障方面。在民生建设领域我们仍然存在很多短板弱项，这些短板弱项制约着全面建成小康社会的顺利实现。当前的民生短板主要表现在：社会发展水平不均衡，收入差距过大，分配不合理，基础公共服务供需不平衡等。《中共中央关于制定国民经济和社会发展第十三个五年规划的建议》明确指出，实现全面建成小康社会，教育现代化取得重要进展，劳动年龄人口受教育年限明显增加，收入差距缩小，中等收入人口比重上升，我国现行标准下农村贫困人口实现脱贫，贫困县全部摘帽，解决区域性整体贫困。

国民素质和社会文明程度显著提高。文化软实力集中体现了一个国家基于文化而具有的凝聚力和生命力，以及由此产生的吸引力和影响力。古往今来，任何一个大国的发展进程，既是经济总量、军事力量等硬实力提高的过程，也是价值观念、思想文化等软实力提高的过程。提高国家文化软实力，不仅关乎我国在世界文化格局中的定位，而且关乎我国国际地位和国际影响力，关乎“两个一百年”奋斗目标和中华民族伟大复兴中国梦的实现。全面建成小康社会，既要努力满足人民的物质需求，也要不断满足人民的精神文化需求。要使中国梦和社会主义核心价值观更加深入人心，大力推动社会主义文化大发展大繁荣，提高国家文化软实力，广泛弘扬爱国主义、集体主义、社会主义思想，积极培育向上向善、诚信互助的社会风尚，人民思想道德素质、科学文化素质、健康素质明显提高，全社会法治意识不断增强，公共文化服务体系基本建成，文化产业成为国民经济支柱性产业，中华文化影响持续扩大。

生态环境质量总体改善。良好的生态环境是全面建成小康社会的应有之义，要牢固树立绿色发展理念，把经济建设与生态文明建设有机融合起来，使生产方式和生活方式绿色、低碳水平不断上升。大幅提高能源资源开发利用效率，有效控制能源和水资源消耗、建设用地、碳排放总量，大力发展节能环保产业，大幅减少主要污染物排放总量。完善资源有偿使用制度和生态补偿机制，让保护资源环境的地方不吃亏、能受益，使主体功能区布局和生态安全屏障基本形成。

各方面制度更加成熟更加定型。经过长期探索，中国特色社会主义根本政治制度、基本政治制度、基本经济制度、法律体系等以及建立在这些制度之上的经济体制、政治体制、文化体制、社会体制等各项具体制度已经基本形成，为推动经济社会发展奠定了坚实的制度基础。但一些领域的具体制度仍不完善，存在不少体制机制弊端。全面建成小康社会要进一步革除体制机制弊端，使国家治理体系和治理能力现代化取得重大进展，人民民主更加健全，法治政府基本建成，司法公信力明显提高，人权得到切实保障，产权得到有效保护，开放型经济新体制基本形成，中国特色现代军事体系更加完善，党的建设制度化水平显著提高。

鲁丹阳 / 摄

2020 年 2 月 20 日，青海省制定下发了《关于充分发挥公益诉讼检察职能　致力筑牢“三江之源”国家生态安全屏障的实施意见》，通过聚焦重点和关键环节，全面强化生态环境公益诉讼检察工作措施，为筑牢“三江之源”国家生态安全屏障提供更优检察方案。

图为三江源自然保护区纪念碑。

三、全面建成小康社会开启现代化新征程

伟大的奋斗目标从来都具有强大的凝聚、激励和引领作用。我们党在不同的历史时期，总是根据人民意愿和事业发展需要，提出富有感召力的奋斗目标，团结带领全国人民为之奋斗。2020年是全面建成小康社会的决胜之年、收官之年，决胜全面建成小康社会的如期完成，实现第一个百年奋斗目标，必将为开启全面建设社会主义现代化国家新征程打下坚实基础。

建设现代化国家、实现中华民族伟大复兴是近代以来中国历史发展的一条主线，实现现代化是几代中国共产党人共同奋斗的理想和追求。早在新民主主义革命时期，我们党就提出了为实现中国的工业化而奋斗，在中国共产党第七次全国代表大会的报告中，毛泽东提出了工业化的目标："在新民主主义的政治条件获得之后，中国人民及其政府必须采取切实的步骤，在若干年内逐步地建立重工业和轻工业，使中国由农业国变为工业国。"[①] 相应地，"中国工人阶级的任务，不但是为着建立新民主主义的国家而斗争，而且是为着中国的工业化和农业近代化而斗争"[②]。1949年，毛泽东在《论人民民主专政》一文中再一次指出："人民民主

①《毛泽东选集》第三卷，人民出版社1991年版，第1081页。

② 同上。

专政的国家，必须有步骤地解决国家工业化的问题。”① 工业化的发展战略得到确认后，结合中国实际国情，我们党又逐步提出了“四个现代化”的建设目标。1953 年，在中共中央宣传部下发的《为动员一切力量把我国建设成为一个伟大的社会主义国家而斗争——关于党在过渡时期总路线的学习和宣传提纲》中，在解释社会主义工业化时提出了“促进农业和交通运输业的现代化”“建立和巩固现代化的国防”，这是“四个现代化”的最初雏形。1954 年，周恩来在《政府工作报告》中再次强调，“如果我们不建设起强大的现代化的工业、现代化的农业、现代化的交通运输业和现代化的国防，我们就不能摆脱落后和贫穷，我们的革命就不能达到目的”。并且“四个现代化建设”是要在“不太长的历史时期内”实现并“赶上和赶超世界先进水平”。由于社会主义建设是一个新鲜事物，我们党对此经验不足，因此也曾走过一些弯路。然而，对于现代化的追求一直萦绕在党和人民心中。1975 年，周恩来在四届全国人大一次会议上重申了“四个现代化”的目标。

改革开放后，以邓小平同志为主要代表的中国共产党人依据现实国情，重新审视了“四个现代化”的发展战略，在坚持“四个现代化”目标的同时，将实现途径进一步具化为“三步走”战略，即第一步，从 1981 年到 1990 年，实现国民生产总值比 1980 年翻一番，解决人民的温饱问题；第二步，从 1991 年到 20 世纪末，使国民生产总值再增长一倍，人民生活达到小康水平；第三步，到 21 世纪中叶，人均国民生产总值达到中等发达国家水平，人民生活比较富裕，基本实现现代化。然后，在这个基础上继续前进。在“三步走”战略的指引下，中国共产党带领全国人民团结奋斗，到 2000 年我国总体上步入了小康社会，提前完成了“三步走”战略的第一步和第二步战略目标。为了更好地实现第三步

①《毛泽东选集》第四卷，人民出版社 1991 年版，第 1477 页。

发展战略，以江泽民同志为主要代表的中国共产党人开始思考如何更好地实现“三步走”战略的第三步发展目标。在“三步走”战略的基础之上，1997年在党的十五大上就第三步提出了三个具体的阶段性目标，即“展望下世纪，我们的目标是，第一个十年实现国民生产总值比二〇〇〇年翻一番，使人民的小康生活更加富裕，形成比较完善的社会主义市场经济体制；再经过十年的努力，到建党一百周年时，使国民经济更加发展，各项制度更加完善；到世纪中叶建国一百年时，基本实现现代化，建成富强民主文明的社会主义国家”①。“新三步走”发展战略进一步充实和完善了“三步走”战略，使第三步发展目标的实现更加清晰具象。“新三步走”发展战略中蕴含着“两个百年目标”，即到中国共产党成立100年时，使国民经济更加发展，各项制度更加完善；到新中国成立100年时，基本实现现代化，建成富强民主文明的社会主义国家。在接续推进“新三步走”战略中，以胡锦涛同志为主要代表的中国共产党人尤其重视我国21世纪头20年的发展，强调这是一个必须紧紧抓住并且可以大有作为的重要战略机遇期。党的十六大总结经验，提出在21世纪头20年，全面建设惠及十几亿人口的更高水平的小康社会的战略目标。

在全党全国各族人民的共同努力下，中国经济以前所未有的速度持续快速发展，到20世纪末，我国人民生活水平实现了从温饱不足到总体小康的历史性跨越。20世纪90年代，为了衡量小康社会发展水平，国家统计局等部门制定了5个方面16项指标，用以测量全国人民的小康水平的实现程度，1990年为48%，1999年为94.6%，2000年为96%。② 除农民人均纯收入等3项指标尚未达标，其余13项指标均已完成或者超额完成，人民生活总体上达到了小康水平，但这时的小康水平

① 江泽民：《高举邓小平理论伟大旗帜，把建设有中国特色社会主义事业全面推向二十一世纪——在中国共产党第十五次全国代表大会上的报告》，人民出版社1997年版，第4页。

② 史为磊：《中等收入阶层与小康社会》，载《中共中央党校学报》2013年第2期。

还是低水平、不平衡、不全面的。因此，2002 年 11 月，党的十六大首次提出了全面建设小康社会，对小康社会的建设提出了更高要求，如在优化结构和提高效益的基础上，国内生产总值到 2020 年力争比 2000 年翻两番，社会主义民主更加完善，全民族的思想道德素质、科学文化素质和健康素质明显提高，可持续能力不断增强等，全面建设小康社会这一目标也成为中国社会主义现代化建设的核心目标和发展主题。2007 年 10 月，党的十七大再次强调了第一个百年奋斗目标，对全面建设小康社会提出了五个方面的更高要求，即增强发展协调性，努力实现经济又快又好发展；扩大社会主义民主，更好保障人民权益和社会公平正义；加强文化建设，明显提高全民族文明素质；加快发展社会事业，全面改善人民生活；建设生态文明，基本形成节约能源资源和保护生态环境的产业结构、增长方式、消费模式。

2012 年 11 月，党的十八大将本世纪上半叶社会主义现代化的总任务概括为：在中国共产党成立 100 年时，全面建成小康社会；在新中国成立 100 年时，建立富强民主文明和谐的社会主义现代化国家。在党的十六大和党的十七大确立的全面建设小康社会的目标基础上，党的十八大进一步提出了全面建成小康社会的目标和新要求，即经济持续健康发展，人民民主不断扩大，文化软实力显著增强，人民生活水平全面提高，资源节约型、环境友好型社会建设取得重大进展。在新的历史起点上，根据“五位一体”总体布局，对全面建成小康社会目标提出了两个明确的量化指标：到 2020 年，实现国内生产总值和城乡居民人均收入比 2010 年翻一番。党的十九大作出了中国特色社会主义进入了新时代的重大政治判断，这是我国发展新的历史方位。在综合分析国际国内形势的基础上，进一步明确了在实现全面建成小康社会后，从 2020 年到本世纪中叶的 30 年，分两个阶段来安排全面建设社会主义现代化国家。从 2020 年到 2035 年，在全面建成小康社会的基础上，再奋斗 15 年，基本

社会主义现代化强国什么样

我国 物质文明 政治文明 精神文明 社会文明 生态文明 将全面提升

实现国家治理体系和治理能力现代化

成为综合国力和国际影响力领先的国家

全体人民共同富裕基本实现

我国人民将享有更加幸福安康的生活

中华民族将以更加昂扬的姿态屹立于世界民族之林

党的十九大报告描绘了体现人民美好生活新期待的社会主义现代化强国愿景与蓝图，提出要在本世纪中叶把我国建成富强民主文明和谐美丽的社会主义现代化强国。

实现社会主义现代化。到那时，我国经济实力、科技实力将大幅跃升，跻身创新型国家前列；人民平等参与、平等发展权利得到充分保障，法治国家、法治政府、法治社会基本建成，各方面制度更加完善，国家治理体系和治理能力现代化基本实现；社会文明程度达到新的高度，国家文化软实力显著增强，中华文化影响更加广泛深入；人民生活更为宽裕，中等收入群体比例明显提高，城乡区域发展差距和居民生活水平差距显著缩小，基本公共服务均等化基本实现，全体人民共同富裕迈出坚实步伐；现代社会治理格局基本形成，社会充满活力又和谐有序；生态环境根本好转，美丽中国目标基本实现。第二个阶段，从 2035 年到本世纪中叶，在基本实现现代化的基础上，再奋斗 15 年，把我国建成富强民主文明和谐美丽的社会主义现代化强国。到那时，我国物质文明、政治文明、精神文明、社会文明、生态文明将全面提升，实现国家治理体系和治理能力现代化，成为综合国力和国际影响力领先的国家，全体人民共同富裕基本实现，我国人民将享有更加幸福安康的生活，中华民族将以更加昂扬的姿态屹立于世界民族之林。这两个阶段的划分，把实现“三步走”战略中第三步的发展目标——基本实现现代化的时间提前了 15 年，并在此基础上，提出了全面建成社会主义现代化强国这一更高目标，丰富了“两个一百年”奋斗目标的内涵，发出了实现中华民族伟大复兴中国梦的最强音。

四、全面建成小康社会的世界影响

习近平总书记在党的十九大报告中指出，中国人民愿同各国人民一道，推动人类命运共同体建设，共同创造人类的美好未来。到2020年全面建成小康社会，中国将解决占世界近1/5人口的全面小康而不仅仅是温饱问题，这必将进一步促进人类社会的发展，推动世界经济的增长，创新全球治理模式，为世界和平与发展作出新的重大贡献。

改革开放以来，党和国家高度重视减贫事业，在中国共产党的领导下，经过全体人民的不懈奋斗，中国的社会生产力、综合国力得到了显著提升，人民生活水平实现了历史性跨越，创造了人类减贫史上的中国奇迹。一是促进了世界贫困人口数量的大幅下降。1981年全球贫困人口19.38亿，到2010年下降到12.12亿，全球贫困人口减少7.26亿。这期间，中国的贫困人口由8.35亿减少到1.57亿，贫困人口减少6.78亿，占全球贫困人口减少数量的93.4%。2018年12月12日，国务院新闻办公室在《改革开放40年中国人权事业的发展进步》白皮书指出，过去40年，中国共减少贫困人口8.5亿多人，对全球减贫贡献率超过70%。二是促进了联合国“千年发展目标”减贫目标的实现。改革开放40多年来，按中国现行贫困标准，我国的贫困人口由2012年的9899万人减少到2019年的551万人，连续7年每年减贫1000多万人。联合国“千年发展目标”贫困人口减半目标的实现离不开中国贫困人口的大幅减少，

彭大伟 / 摄

英国著名智库莱加顿研究所（Legatum Institute）发布的2019年《莱加顿繁荣指数报告》，将中国在“繁荣指数排行榜”上列为第57位，这一排名较10年前上升了8位。对此，多位国际人士在瑞士达沃斯举行的世界经济论坛2020年年会期间表示，中国成功令数亿人脱贫，并且即将实现全面消除绝对贫困，为联合国2030年可持续发展目标作出了巨大贡献。国际货币基金组织前副总裁、世界经济论坛执行董事朱民表示：“中国在过去几十年里减少七亿贫困人口，全世界都觉得不可思议”。

图为朱民2020年1月23日在达沃斯世界经济论坛上发言。

中国成为世界减贫事业中的领军者。三是中国为世界其他国家特别是发展中国家提供了减贫经验及可借鉴模式。在长期的减贫实践中，中国成功走出了一条中国特色减贫道路，中国的减贫实践丰富了世界减贫模式。2017 年 6 月，在中非减贫发展高端对话上，刚果（金）的代表捧着习近平同志的著作《摆脱贫困》发出感慨："非洲有数以万计'当年的宁德'，这本书不仅是写给中国读者，更是写给所有非洲人和所有致力于摆脱贫穷泥沼的国家和人民的。"

全面建成小康社会将进一步为世界经济发展带来机遇，进一步增强中国对世界经济发展的贡献。改革开放 40 多年来，我国国内生产总值由 3679 亿元增长到 2017 年的 82.7 万亿元，年均实际增长 9.5%，远高于同期世界经济 2.9% 左右的年均增速。我国国内生产总值占世界生产总值的比重由改革开放之初的 1.8% 上升到 2018 年的 15.2%，多年来对世界经济增长贡献率超过 30%。我国货物进出口总额从 206 亿美元增长到超过 4 万亿美元，累计使用外商直接投资超过 2 万亿美元，对外投资总额达到 1.9 万亿美元。目前，我国已经是世界第二大经济体、制造业第一大国、货物贸易第一大国、商品消费第二大国、外资流入第二大国，外汇储备连续多年位居世界第一。[①] 随着全面建成小康社会的实现，中国将继续成为世界经济增长的主要引擎。2014 年 11 月 15 日，习近平主席在澳大利亚布里斯班二十国集团领导人第九次峰会上的讲话中指出："中国愿意为推动世界经济增长作出更大贡献、发挥更大作用"。2018 年 11 月 5 日，习近平主席在首届中国国际进口博览会开幕式上的主旨演讲中指出："开放已经成为当代中国的鲜明标识。中国不断扩大对外开放，不仅发展了自己，也造福了世界……中国开放的大门不会关闭，只会越开越大。中国推动更高水平开放的脚步不会停滞！中国推动建设开放型

① 习近平:《在庆祝改革开放 40 周年大会上的讲话》，载《人民日报》2018 年 12 月 19 日。

世界经济的脚步不会停滞！中国推动构建人类命运共同体的脚步不会停滞！”

2014年4月，在比利时布鲁日欧洲学院的演讲中，习近平主席指出：“独特的文化传统，独特的历史命运，独特的国情，注定了中国必然走适合自己特点的发展道路”。从实现工业化到“四个现代化”，从“中国式的现代化”到总体小康、全面建设小康社会、全面建成小康社会，中国式的现代化道路取得了丰硕成果。邓小平曾指出，如果中国的改革成功了，可以对世界上那些“不发达国家的发展提供某些经验”[①]。党的十九大报告也指出，中国特色社会主义进入新时代，意味着近代以来久经磨难的中华民族迎来了从站起来、富起来到强起来的伟大飞跃，迎来了实现中华民族伟大复兴的光明前景；意味着科学社会主义在二十一世纪的中国焕发出强大生机活力，在世界上高高举起了中国特色社会主义伟大旗帜；意味着中国特色社会主义道路、理论、制度、文化不断发展，拓展了发展中国家走向现代化的途径，给世界上那些既希望加快发展又希望保持自身独立性的国家和民族提供了全新选择，为解决人类问题贡献了中国智慧和中国方案。中国对世界的贡献不仅在于经济增长，还在于中国的发展道路为世界其他国家的发展提供了借鉴。美国哈佛大学教授约瑟夫·奈曾指出，“比中国的经济影响更为重要的是，中国倡导的政治价值观念、社会发展方式、对外政策”，这些“会在国际社会产生越来越大的影响力和共鸣力”。乌兹别克斯坦世界经济和外交大学现代冲突和安全研究室主任乌卢格别克·哈桑诺夫也指出：“中国以自身的成功实践，改变了西方经济学家对市场和经济规律的认识，更打破了只有西方模式才是适合的发展模式的所谓‘共识’，这是对世界作出的不可替代的贡献”。

①《邓小平文选》第三卷，人民出版社1993年版，第135页。

第二讲 用新发展理念引领决胜全面建成小康社会

2019 年中央经济工作会议指出:“新时代抓发展，必须更加突出发展理念，坚定不移贯彻创新、协调、绿色、开放、共享的新发展理念，推动高质量发展。”新发展理念是对中国特色社会主义发展规律的新认识、新概括，是实现更高质量发展、更可持续发展的必由之路。2020 年是决胜全面建成小康社会的收官之年，需要全国上下坚定不移贯彻新发展理念，凝心聚力坚定高质量发展信心，一鼓作气攻克改革路上的艰难险阻，全力冲刺决胜全面建成小康社会，为开启全面建设社会主义现代化国家新征程奠定坚实基础。

一、坚持创新发展提高发展质量效益

创新是引领发展的第一动力，是牵动新时代我国经济社会发展全局的“牛鼻子”。在实现经济高质量发展的过程中，创新发展决定经济发展的速度、发展的效能以及发展的可持续性，为更好引领经济发展新常态、把握发展主动权、应对国内国际发展环境的变化，我们应坚定不移坚持创新发展，提高经济发展质量和效益。

一个国家的创新能力，从根本上影响甚至决定国家的前途命运。中华民族历来是敢于创新的民族。我们始终秉持创新理念，“苟日新，日日新，又日新”“苟利于民，不必法古；苟周于事，不必循旧”“穷则变，变则通，通则久”等都是我们对创新的坚持。一些资料显示，16 世纪以前世界上最重要的 300 项发明和发现中，我国占 173 项，远远超过同时代的欧洲。[①] 然而，近代以来，由于闭关自守，失去了对创新的动力，我们错失了世界发展的大机遇，逐渐由世界领先变为愚昧落后、被动挨打，频遭外敌入侵，饱受战祸和动乱之苦。经过改革开放 40 多年的发展，我国科技整体水平有了明显提高，一些重要领域跻身世界先进行列。如今，我国已经稳居世界第二大经济体、制造业第一大国、货物贸易第

① 习近平:《在省部级主要领导干部学习贯彻党的十八届五中全会精神专题研讨班上的讲话》，载《人民日报》2016 年 5 月 10 日。

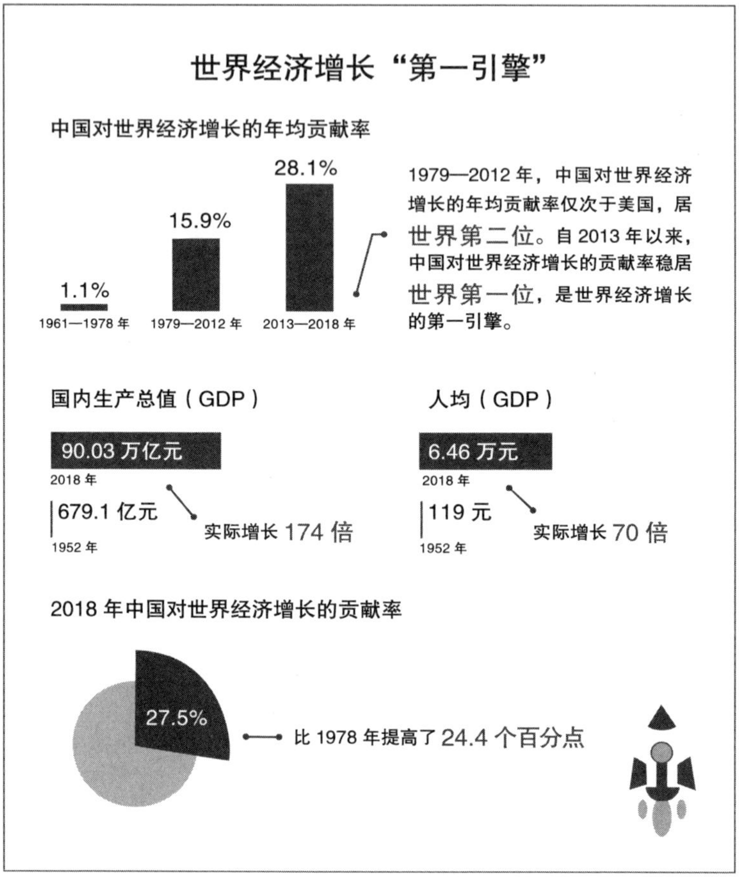

国家统计局发布的年均数据显示，1961 年至 1978 年，中国对世界经济增长的年均贡献率仅为 1.1%。2013 年至 2018 年，中国对世界经济增长的年均贡献率已达 28.1%，居世界第一位。

一大国、商品消费第二大国、外资流入第二大国、外汇储备第一大国。[①]这一系列成就的取得和我们坚持创新发展是密不可分的。可见，坚持创新发展是我们通过分析世界各个国家发展历程和吸取我国改革开放成功经验得来的。

立足现实，我们还应看到坚持创新发展是解决我国经济社会问题的迫切需要。党的十八大以来，我国经济社会发生重大变化，在科技创新发展方面取得巨大成就。仅从2019年看，长征五号火箭顺利发射、成功复出；我国自主设计、研发、制造的首艘航母“山东号”成功交付海军；“嫦娥四号”卫星实现人类首次月背软着陆，将我国航天器技术提升到了新的高度；70倍太阳质量黑洞发现，打破了人类对恒星级黑洞原有质量上限的认知；5G商用牌照正式发放，推动万物互联网的发展，抢占数字经济发展先机；区块链技术应用延伸到数字金融、物联网、数字资产交易等多个领域，一系列成就无不彰显着我国释放的强大创新活力。数据显示，2019年度国家科学技术奖共评选出296个项目和12名科技专家，其中国家最高科学技术奖2人，国家自然科学奖46项，国家技术发明奖65项，国家科学技术进步奖185项，授予10名外籍专家中华人民共和国国际科学技术合作奖。[②]尽管取得了重大成就，但我国必须清醒地认识到我们在创新方面还有很多不足：我国的关键核心技术仍受制于人，没有达到完全自主创新；我国的产业价值链还处于全球中低端，在创造引领未来发展的新产业、新业态方面的科技储备还与发达国家相差甚远；军事领域和安全领域的高技术如新型武器、网络安全方面与发达国家相比还有很大差距。面对由人工智能引领的新一轮科技革命和产业革命日新月异的发展，为了解决我国制造业大而不强的问题，我们必须坚持创新发展，通过创新培育发展新动力，塑造更多拥有先发优势的

①《新时代的中国与世界》白皮书，载《人民日报》2019年9月28日。

②《中共中央国务院隆重举行国家科学技术奖励大会》，载《人民日报》2020年1月11日。

引领型发展。

在坚持创新发展的过程中，我们需要通过抓住关键，重点突破，带动全局全面创新。创新不仅包括科技方面的创新，还包括理论方面的创新、制度方面的创新、文化方面的创新等。坚持创新发展，我们要充分运用系统理论、矛盾理论，既要坚持全面系统的创新，也要抓住关键，以重要领域和关键环节的突破带动全局。首先，我们要强化国家战略科技力量，集全国之力构建中国特色社会主义市场经济条件下关键核心技术攻关新型举国体制，把体现国家战略意图的重大科技项目实施好。同时加快组建国家实验室，建设跨学科、大协作、高强度的协同创新基础平台，不断完善国家实验室体系，以深入开展基础研究和应用基础研究。《科技部　财政部关于加强国家重点实验室建设发展的若干意见》明确指出，到2020年实验室总量保持在700个左右。其中，学科国家重点实验室保持在300个左右，企业国家重点实验室保持在270个左右，省部共建国家重点实验室保持在70个左右。[①]其次，要健全鼓励支持基础研究，提升原始创新能力，使科技成果尽快转化为生产力，做到别人没有的我有、别人有的我强、别人强的我优。同时将区块链作为核心技术自主创新的重要突破口，加快推动区块链技术和产业创新发展，促进经济社会融合发展。最后，要建立健全技术创新体系，积极建立以企业为主体、市场为导向的产学研深度融合的技术创新体系，充分发挥企业在研发过程中的主体作用和市场在经济中的导向作用。同时支持大众创业、万众创新，发挥各个主题在创新中的作用，形成良好创新生态系统。不断弘扬科学精神和工匠精神，推进人才发展体制和政策创新，以“高精尖缺”为导向，广纳天下英才而用之，使全社会形成创新氛围，为决胜全面建成小康社会提供强有力的支撑。

①《科技部　财政部关于加强国家重点实验室建设发展的若干意见》，载科学技术部网站2018年6月22日。

二、坚持协调发展补齐短板厚植优势

习近平总书记指出："下好'十三五'时期发展的全国一盘棋，协调发展是制胜要诀。"[①] 坚持协调发展是持续健康发展的内在要求，其根本目的是增强我国发展的整体性和协调性。在决胜全面建成小康社会之年，我们坚持协调发展就是要牢牢把握新时代中国特色社会主义事业的总体布局，补齐发展短板，不断厚植我国经济发展的后期优势，促进经济的整体系统发展。

坚持协调发展蕴含着深厚的唯物主义辩证法思想。唯物主义辩证法认为，世界是一个联系的整体，事物之间是普遍联系的，事物与事物之间以及事物各要素之间是相互联系、相互影响、相互制约、相互转化的。这就要求我们在认识问题、处理问题时把握事物之间的内在联系，并找到事物与事物之间本质联系的规律，按规律办事。党的十八大以来，以习近平同志为核心的党中央统筹推进"五位一体"总体布局，协调推进"四个全面"战略布局，提出了京津冀协同发展、长江经济带发展、"一带一路"建设、粤港澳大湾区建设、长三角一体化发展等新的区域发展战略，提出了抓好黄河流域生态保护和高质量发展，大力推动成渝地区双城经济圈建设等，不仅体现了我们对协调发展认识的不断深化，而且

① 习近平:《在省部级主要领导干部学习贯彻党的十八届五中全会精神专题研讨班上的讲话》，载《人民日报》2016年5月10日。

谢光磊 / 摄

2019 年 10 月 24 日，由香港特别行政区政府和外交部驻香港特派员公署共同主办的“粤港澳大湾区国际论坛”在香港举行。
图为论坛现场。

体现了我们国家更加注重协调发展的决心。

进入新时代，坚持协调发展是我国经济发展阶段性特征的必然要求。习近平总书记指出，当前我国协调发展的新特点有：协调既是发展手段又是发展目标，同时还是评价发展的标准和尺度，是发展两点论和重点论的统一，是发展平衡和不平衡的统一，是发展短板和潜力的统一。针对新特点，我们要正确处理整体和部分、全局和局部、当前和长远、重点和非重点的关系，在权衡利弊中趋利避害，作出最有利的战略抉择；要明白在发展过程中有优势就有制约因素，在实现高质量发展的过程中既要巩固和厚植原有的优势，也要尽力破解制约事物发展的因素，补齐短板，并通过补齐短板挖掘发展的潜力。要明确由平衡到不平衡再到新的平衡是事物发展的基本规律，强调协调发展是为了更加注重机会公平、更均衡合理地配置资源。例如，经过多年的协调发展，我国区域发展差距相对有了很大的变化，长三角、珠三角等地区已初步走上高质量发展轨道，但北方一些省份经济增长缓慢，东北地区、西北地区发展相对滞后，区域经济发展分化态势明显。同时，特大城市如北京、上海、广州、深圳等发展优势不断增强，大城市如南京、武汉、郑州等发展势头较好，经济和人口向大城市及城市群集聚的趋势比较明显，资源枯竭型城市、传统工矿区城市发展活力不足，发展动力极化现象日益突出。当前，我国正处于由中等收入国家向高收入国家迈进的阶段。20 世纪 60 年代以来，全球 100 多个中等收入经济体中只有十几个成为高收入经济体，那些徘徊不前或者倒退的经济体主要是因为没有正确处理国内矛盾、解决发展短板。因此，在这个各种矛盾集中爆发的阶段，我们要坚持协调发展，克服“木桶效应”，增强发展潜力和发展后劲，促进整体全面发展，实现经济社会高质量、高水平发展。

新时代，坚持协调发展要牢牢把握中国特色社会主义事业总体布局。要从当前我国发展中不平衡、不协调、不可持续的突出问题出发，根据各地区实际发展条件，走合理分工、优化发展的路子，不能简单要求各地区在经济发展上达到同一水平。一要重点实施“一带一路”建设、京津冀协同发展、长江经济带发展三大战略，支持边疆地区、贫困地区加快发展，构建贯通东西南北中的多中心、网络化、开放式的区域开发格局，不断缩小地区发展差距。要促进各类生产要素自由流动并向优势地区集中，破除资源流动障碍，使市场在资源配置中起决定性作用，提高资源配置效率。同时，经济发展条件好的地区要承载更多产业和人口，发挥价值创造作用和比较优势，实现基本公共服务均等化，基础设施通达比较均衡。例如，党的十八大以来，按不变价格计算，东部、中部、西部、东北地区人均地区生产总值年均增速分别为7.2%、8.2%、8.5%和6.1%，中西部地区的发展速度领先于东部地区。[①] 二要着力促进城乡协调发展，促进城乡公共资源均衡配置，不断缩小城乡发展差距。完善土地、户籍、转移支付等配套政策，提高城市群承载人口和设施的能力，促进迁移人口稳定落户。2018年，浙江省基本上做到了“发展同步，服务同质，管理同化”，城乡实现了“无缝对接”。[②] 三要坚持社会主义先进文化前进方向。2018年8月，习近平总书记在全国宣传思想工作会议上指出：“要把优秀传统文化的精神标识提炼出来、展示出来，把优秀传统文化中具有当代价值、世界意义的文化精髓提炼出来、展示出来。”新时代我们要提高精神文明建设水平，促进物质文明和精神文明协调发展。四要统筹经济建设和国防建设，建立全要素、多领域、高效益的军民深度融合发展格局，提高一体化国家战略体系和能力，推动国防建设和经济建设协调、平衡、兼容发展。

---

① 董雪兵等：《塑造区域协调发展新格局》，载《人民日报》2019年10月18日。

② 王慧敏、方敏：《城乡统筹比翼齐飞——浙江推进城乡协调发展纪实》，载《人民日报》2018年12月28日。

三、坚持绿色发展促进人与自然和谐共生

习近平总书记指出:“我们要像保护自己的眼睛一样保护生态环境,像对待生命一样对待生态环境,同筑生态文明之基,同走绿色发展之路!”[①] 坚持绿色发展就要坚持节约资源和保护环境的基本国策,促进人与自然和谐共生,推进美丽中国建设,为全球生态安全作出新贡献,共谋全球生态文明建设。

马克思生态文明思想和中华民族优秀传统文化中蕴含着丰富的绿色发展思想。马克思、恩格斯通过论述人与人、人与自然、人与社会的关系,告诉我们要与自然和谐相处,不能盲目地凌驾于自然之上,应该保护自然、顺应自然、热爱自然,按自然规律办事。恩格斯在《自然辩证法》中指出:“我们不要过分陶醉于我们人类对自然界的胜利。对于每一次这样的胜利,自然界都对我们进行报复。”[②] 同时,马克思、恩格斯指出资本主义生产方式是生态危机产生的根源。例如,发生在西方国家的洛杉矶光化学烟雾事件,先后导致 75% 以上的市民患上红眼病,造成近千人死亡;伦敦烟雾事件,4000 人在首次暴发的几天内死亡,随后有近 8000 人在两个月内死于呼吸系统疾病,此后又连续发生 12 次严重的烟雾事件。日本水俣病事件,汞中毒病患者近千人,2 万多人受到威胁。

① 习近平:《共谋绿色生活,共建美丽家园》,载《人民日报》2019 年 4 月 29 日。

②《马克思恩格斯选集》第四卷,人民出版社 1995 年版,第 382 页。

这些都启示我们要坚持人与自然和谐相处。我们在经济发展过程中绝不能沿袭西方工业文明的方式，要对西方工业文明进行扬弃。中华民族优秀传统文化处处蕴含着人与自然和谐相处的智慧，如“天人合一”“万物一体”“子钓而不纲，弋不射宿”“草木荣华滋硕之时则斧斤不入山林，不夭其生，不绝其长也;鼋鼍、鱼鳖、鳅鳝孕别之时，罔罟、毒药不入泽，不夭其生，不绝其长也”“竭泽而渔，岂不获得？而明年无鱼;焚薮而田，岂不获得？而明年无兽”等，都告诉我们要取之有时、取之有度，坚持人与自然和谐共生。还有一些具体实例，如楼兰古城的消逝、古代丝绸之路的衰落、敦煌古城的摧毁、黄土高原的现状等，那些曾经带来辉煌、带来快乐、带来美丽、带来灿烂文明的美好事物，由于我们的肆意破坏、乱砍滥伐、过度开发、盲目灌溉等都再也回不来了。我们要深刻认识其中的教训，在新时代坚持绿色发展，保护自然环境就是保护人类本身，建设生态文明就是造福子孙后代。

中国特色社会主义新时代中国社会主要矛盾发生变化，人民对美好生活的需要越来越高，人民群众越来越希望生活在空气清新、环境优美、饮水干净、食品安全、生活舒适的环境中。可以说，良好的生态环境已经成为人类最需要的公共产品，成为人民群众最重要的民生保障。我们党一直高度重视生态文明建设，毛泽东曾确定绿化祖国、保护环境的思想，邓小平将保护环境确立为基本国策，江泽民确定污染防治和生态保护并行的思想，胡锦涛确立了科学发展观，提出了建设资源节约型、环境友好型社会的奋斗目标。我们在取得经济巨大发展的同时，也积累了大量的环境问题，如环境污染严重、能源紧缺、资源短缺、生态退化、气候变化、自然灾害频发等。党的十八大以来，以习近平同志为核心的党中央深刻回答了为什么建设生态文明、建设什么样的生态文明、怎样建设生态文明的重大理论和实践问题，提出了一系列新理念新思想新战略，形成了习近平生态文明思想。全党全面贯彻绿色发展理念的自觉性

刘学懿／摄

四川省泸州市纳溪区坚持绿色发展，引进企业盘活废弃厂区和废弃荒地，改建为景区，引得众多游人观光踏青。

图为春暖花开时节，纳溪区大渡口镇民强村“花田酒地”景区内鲜花竞相绽放。

和主动性大大增强，我国在生态文明建设方面取得了显著成效。第一，加快形成生态文明制度体系，实行最严格的生态环境保护制度、发展绿色金融，建立了资源高效利用制度，健全资源节约集约循环利用政策体系，健全了自然资源监管体系、国家公园保护制度，生态环境保护责任制度等。第二，能源资源消耗强度大幅下降。例如，2019 年全国 337 个地级及以上城市年均优良天数比例为 82%，$PM_{2.5}$ 未达标地级及以上城市年均浓度同比下降 2.4%，北京市 $PM_{2.5}$ 浓度达到 42 微克 / 立方米。① 第三，我国不仅在国内取得了较大成果，而且在国际上积极引领全球生态文明体系建设。中国大力帮助数十个国家改善应对气候变化的基础设施，提高广大发展中国家应对气候变化的能力，实现共赢。尽管取得了很多成就，但也依旧存在一些问题，需要继续坚持绿色发展，不断实现生态环境质量总体改善。

新时代，我们要打造人与自然和谐共处的新格局。第一，要树立和践行绿水青山就是金山银山的理念。绿水青山就是生产力，生态产品作为一种产品可以通过生产转变为生产力，提高人民的生活水平，改善人民的生活环境。对于生态环境丰富但相对贫困的地方，可以通过改革创新，探索生态脱贫的新路子，让贫困地区的土地、劳动力、自然风光、生活习惯等要素转化为资产，让资产转化为股金，让绿水青山真正变成金山银山。例如，《全国乡村旅游发展监测报告（2019 年上半年）》显示，2019 年上半年全国乡村旅游总人次达 15.1 亿次，同比增加 10.2%，总收入 0.86 万亿元，同比增加 11.7%。截至 2019 年 6 月底，全国乡村旅游就业总人数 886 万人，同比增加 7.6%。② 第二，全方位、全地域、全过程推进生态系统治理。把山水林田湖草作为一个系统工程，作为一个

①《生态环境部部长在 2020 年全国生态环境保护工作会议上的讲话》，载中华人民共和国生态环境部网站 2020 年 1 月 18 日。

②《文化和旅游部公布首批全国乡村旅游村重点名单》，载新华网 2019 年 7 月 28 日。

生命共同体，按照生态系统的整体性、系统性和内在联系，统筹考虑系统修复、综合治理。实施生态保护和修复工程，划定生态保护圈，构建生态廊道和生物多样性保护网络，实行最严格的耕地保护制度。推进国土绿化、综合治理荒漠化、石漠化以及水土流失，推动长江经济带保护和建设。加强黄河流域生态保护和高质量发展，推动沿黄地区中心城市及城市群高质量发展，实施黄河文化遗产系统保护工程，打造黄河文化旅游带。第三，完善生态保护制度。健全国土空间规划和用途统筹协调管控制度，完善主体功能区制度，实行垃圾分类和资源化利用制度，健全生态环境监测和评价制度、生态环境公益诉讼制度，落实中央生态环境保护督察制度、生态补偿和生态环境损害赔偿制度，实行生态环境损害责任终身追究制，切实在制度方面坚持绿色发展。第四，积极引领全球生态文明建设，共建绿色“一带一路”。绿色是“一带一路”的本色，我国启动了共建“一带一路”生态环保大数据服务平台，推动绿色投资、金融、基础设施建设和发展，因地制宜保护我们赖以生存的地球家园。“一带一路”重点区域内生态环境问题显著减少，矿山环境治理与生态修复率从 50% 提高到 85% 以上；基础设施建设损毁的临时用地复垦率接近 100%。① “一带一路”在带动经济发展的同时，让生态环境成为民生福祉，成为一条可持续发展之路。

①《绿色“一带一路”推动可持续发展》，载央视网 2019 年 4 月 19 日。

四、坚持开放发展实现合作互利共赢

改革开放40多年的经验启示我们：开放带来进步，封闭带来落后，开放是国家繁荣发展的必由之路。2019年11月5日，习近平主席在第二届中国国际进口博览会开幕式上的主旨演讲中指出："站在新的历史起点，中国开放的大门只会越开越大。"在决胜全面建成小康社会的重要时刻，我们要进一步开放发展，为建设开放型世界经济、实现合作互利共赢，构建人类命运共同体不断努力。

马克思和恩格斯在《共产党宣言》中指出："资产阶级，由于开拓了世界市场，使一切国家的生产和消费都成为世界性的了……过去那种地方的和民族的自给自足和闭关自守状态，被各民族的各方面的互相往来和各方面的互相依赖所代替了。物质的生产是如此，精神的生产也是如此。"① 这揭示了在生产力迅速发展的基础上，各民族相互交往形成的经济全球化、世界市场和世界历史的发展和形成过程。近代以来，经济全球化经历了西方国家靠强权占领和殖民扩张初步形成世界市场，社会主义和资本主义两大阵营对立在经济上形成两个平行的市场，各国相互依存大幅加强、经济全球化快速发展的三个阶段。当今世界越来越成为你中有我、我中有你的人类命运共同体，只有以共同体的意识和眼光，同

① 马克思、恩格斯:《共产党宣言》，人民出版社2014年版，第31页。

心协力应对各种困难，世界各国才能进一步走向开放包容，从原先的相互猜忌走向互信认同。进入 21 世纪，世界经济格局发生重大变化，国际力量对比正在发生前所未有的积极变化，新兴市场国家和发展中国家综合国力的提升，极大地冲击了西方国家在国际格局中的地位，致使整个世界加快分化组合，大国关系开始进入全方位角力新阶段。例如，国际货币基金组织数据显示，按购买力平价计算，新兴市场国家和发展中国家经济总量 2008 年已经超过发达国家，到 2018 年占世界经济比重达到 59%。非西方国家的群体性崛起使全球地缘政治格局发生变化，即世界经济和战略重心由欧美大西洋沿岸向亚太地区转移，亚太地区成为战略竞争的焦点，世界多极化和国际关系民主化的大势难以逆转，世界经济逐渐摆脱国际金融危机，西方国家通过再工业化逐步复苏，国际产业分工格局发生新变化。经济全球化大趋势不可逆转，和平、发展、合作、共赢成为时代潮流，“世界大势，浩浩荡荡，顺之者昌，逆之者亡”，坚持开放发展是我们顺应世界发展大势的最佳选择。

紧随世界发展大势，我国同世界的关系经历了闭关自守屡遭列强侵略，成为积贫积弱的国家；中华人民共和国成立后向苏联“一边倒”，相对封闭地进行社会主义建设；改革开放后实行全方位对外开放三个阶段。改革开放初期，我们力量不强、经验不足，面对占据优势地位的西方国家，有很多人怀疑：我们能否做到既利用对外开放机遇又不被西方国家腐蚀或吃掉？今天看来，我们坚持对外开放、大步走向世界，无疑是正确的选择。如今我们从一个积贫积弱的国家发展成为世界上最大的发展中国家，改革开放以来，经过 40 多年的发展，国家经济实力、人民生活水平有了质的提升。数据显示，从 1952 年至 2018 年，中国工业增加值从 120 亿元增加到 305160 亿元，国内生产总值从 679 亿元增加到 90 万亿元，人均国内生产总值从 119 元增加到 2018 年的 64644

元。[①]2019年，我国国内生产总值接近100万亿元人民币，人均国内生产总值迈上1万美元的台阶。正如2019年4月26日习近平主席在第二届“一带一路”国际合作高峰论坛开幕式上的主旨演讲中所说：“中国既是‘世界工厂’，也是‘世界市场’。”如今我国作为世界最具潜力的消费市场，有着14亿人口的巨大市场、4亿多世界上最大规模的中等收入群体。从2017年开始，我国经济总量连续跨越70万亿、80万亿和90万亿元大关，占世界经济的比重接近16%，对世界经济增长的平均贡献率在30%左右。在2008年全球出现金融危机，世界经济受到重创的前提下，中国经济仍然持续保持中高速增长，成为世界经济增长的主要稳定器和动力源。实践告诉我们，要发展壮大，必须主动顺应经济全球化潮流，坚持对外开放。尽管取得了巨大成就，但我们要清楚地认识到我国经济大而不强的问题依然突出，人均收入和人民生活水平同发达国家还有很大差距，经济实力转化为国际制度性权力依然任重道远。虽然在对外开放中引进来和走出去更加均衡，但与之相应的法律、人才、风险管控等都还不能满足现实需要，体制和力量暂时还不能支撑高水平的开放和大规模地走出去，因此我们更应该坚持开放发展，充分运用人类社会创造的先进科学技术成果和有益管理经验，决胜全面建成小康社会。

在决胜全面建成小康社会的收官之年，我们坚持开放发展需要不断提高对外开放质量和水平。一是秉持共商共建共享原则，积极发挥“一带一路”的带动作用，推动我国从沿海、沿江向内陆、沿边延伸开放空间，形成开放新格局，促进贸易投资自由化便利化。二是继续扩大市场开放，发挥国内消费的基础性作用，通过建设更加公平、更加合理、更加活跃的国内市场，为经济发展提供基本的支撑。在保证稳定、活跃的国内市场的前提下，争取通过降低关税水平、减少负面清单、放宽市场

① 《新时代的中国与世界》白皮书，载《人民日报》2019年9月28日。

韩海丹 / 摄

2019 年 12 月 21 日至 22 日，“一带一路”国际合作高峰论坛咨询委员会第二次会议在北京举行。“高质量”作为共建“一带一路”的关键词，如何由共识到落实成为会议的关注焦点。图为会议现场。

准入原则、透明市场规则来创造更加有吸引力的营商环境。《全球营商环境报告2020》显示，2019年我国营商环境总体得分为77.9分（中国达到了全球最佳水平的77.9%），比2018年上升4.26分，排名跃居全球第31位。[①] 要更加重视进口的作用，通过培育进口贸易促进创新示范区，增加高质量产品和优质量服务产品的进口。2019年我们主办的第二届国际进口博览会展览面积达到36万平方米，专业观众注册超过50万人，国外专业采购商增加到7000多家，比首届增加4000多家。三是持续深化多边合作。支持以世界贸易组织为核心的多边贸易，推进区域经济一体化，坚决反对单边主义、保护主义，对国家与国家间在经济贸易往来中的问题，始终主张依照世界贸易组织规则，在相互尊重、平等互利、相向而行、诚信为本的基础上，通过对话协商解决问题，反对以贸易战相威胁、不断加征关税的做法。中国支持世界贸易组织改革，近两年来由于美国一再滥用世界贸易组织一票否决机制，单方面阻挠上诉机构遴选新成员，使世界贸易组织争端解决机制不能正常运转，遭遇成立以来首次运行危机。我们希望世界贸易组织经过改革可以在促进各国家、各区域组织扩大开放、促进各方面发展中发挥更大作用，增强多边贸易体制的权威性和有效性。中国继续推动人民币国际化，在推动人民币汇率市场化改革、资本和金融账户开放的同时，提升国际金融标准和水平，持续推动开放型世界经济，坚定支持经济全球化，形成互利共赢的利益共同体。

①《中国营商环境排名跃居全球第31位》，载中国新闻网2019年10月24日。

五、坚持共享发展改善民生增进人民福祉

党的十八届五中全会指出:“坚持共享发展,必须坚持发展为了人民、发展依靠人民、发展成果由人民共享,作出更有效的制度安排,使全体人民在共建共享发展中有更多获得感,增强发展动力,增进人民团结,朝着共同富裕方向稳步前进。”共享是中国特色社会主义的本质要求,体现的是逐步实现共同富裕的要求。2020 年决胜全面建成小康社会,必须坚持共享发展,逐步改善民生,增进人民福祉,实现人民对美好生活的需要。

共享理念的实质是坚持以人民为中心的发展思想。中华人民共和国成立后,毛泽东指出:“现在我们实行这么一种制度,这么一种计划,是可以一年一年走向更富更强的,一年一年可以看到更富更强些。而这个富,是共同的富,这个强,是共同的强,大家都有份。”① 改革开放后,邓小平提出:“社会主义的本质,是解放生产力,发展生产力,消灭剥削,消除两极分化,最终达到共同富裕。”② 江泽民强调:“实现共同富裕是社会主义的根本原则和本质特征,绝不能动摇。”③ 胡锦涛也要求:“使全体人民共享改革发展成果,使全体人民朝着共同富裕的方向稳步前进。”④

①《毛泽东文集》第六卷,人民出版社 1999 年版,第 495 页。

②《邓小平文选》第三卷,人民出版社 1993 年版,第 373 页。

③《江泽民文选》第一卷,人民出版社 2006 年版,第 466 页。

④《胡锦涛文选》第二卷,人民出版社 2016 年版,第 291 页。

党的十八大以来，以习近平同志为核心的党中央提出共享发展理念，并要求到2020年如期全面建成小康社会，人民生活水平显著提高，现行标准下农村贫困人口全部脱贫，贫困县全部摘帽，区域性整体贫困全部解决。到本世纪中叶，基本实现全体人民共同富裕，建成社会主义现代化强国。

在决胜全面建成小康社会，迈向社会主义现代化强国的征程中，需要我们深刻把握共享内涵。共享发展包含四个方面的内容：其一，从覆盖面角度看，是全民共享。即发展成果不是少数人、一部分人享有，而是全体人民共同享有，全面建成小康社会，一个都不能少，共同富裕路上，一个都不能掉队。其二，从内容角度看，是全面共享。即全体人民可以共享国家经济、政治、文化、社会、生态文明建设各方面的成果。例如，改革开放以来，居民精神文化生活更加丰富。2018年，城乡居民恩格尔系数分别从1978年的57.5%和67.6%下降到27.7%和30.1%，每百户移动电话拥有量为249.1部，每百户空调拥有量为109.3台。[①] 其三，从实现途径角度看，是共建共享。即全体人民要积极参与国家现代化建设，充分发挥主观能动性，人人参与、人人尽力、人人都有成就感。正如习近平总书记所言，实现中华民族伟大复兴，不是哪一个人、哪一部分人的梦想，而是全体中国人民共同的追求。每一个人都共同分担着前进道路上的坎坷，也共享着70多年来的发展成果。其四，从推进进程角度看，是渐进共享。即共享发展是一个从低级到高级、从不均衡到均衡的过程，即使达到很高的水平也会有差别，我们要实事求是、因地因时制宜地思考设计共享政策。实践表明，我国未来人口城镇化水平将稳步提高，居民生活水平正在持续改善。如今我们正处于并将长期处于社会主义初级阶段，前进道路上有坎坷有曲折，要循序渐进共享发展成果。

①《经济结构不断升级　发展协调性显著增强——新中国成立70周年经济社会发展成就系列报告之二》，载国家统计局网站2019年7月8日。

共享发展成果需要我们抓落实，把“蛋糕”做大、把“蛋糕”分好。把“蛋糕”不断做大，要充分发挥全体人民的主观能动性，激发全体人民的创造性，使全体人民积极主动地投身中国特色社会主义事业建设，为决胜全面建成小康社会贡献自己的一份力量。我们要从人民群众最关心最关切最现实的利益问题着手，增加公共服务供给，提高共同构建公共服务的能力和水平。促进就业创业，全面调动人的积极主动性、创新创造性，为各行业的劳动者、企业家创造发挥作用的舞台和环境。把“蛋糕”分好，就要充分体现社会主义制度的优越性，让人民群众有更多获得感。坚持社会主义基本经济制度和分配制度，调整收入分配格局，缩小收入差距，健全科学的工资水平决定机制，完善最低工资增长机制，利用税收、社会保障、转移支付等手段进行资源再分配，调节收入差距，使社会更加公平公正。实施精准扶贫、精准脱贫，关爱农村留守儿童、妇女和老人。推动义务教育均衡发展，分类推进中等职业教育免除学杂费，资助所有家庭困难学生。建立更加公平更可持续的社会保障制度，实施全民参保计划。深化医药卫生体制改革，建立覆盖城乡的基本医疗卫生制度和现代医院管理制度。促进人口均衡发展，开展应对人口老龄化行动。各级领导干部要把共享落到实处。要深学笃用，发挥模范示范作用，增强干部群众对共享发展的认同感，及时科学设计化解矛盾风险；要善于创新，通过改革和法治推动共享发展，使更多的物质、精神产品满足人民日益增长的物质文化需要，增进人民福祉。

创新发展、协调发展、绿色发展、开放发展、共享发展是具有内在联系的集合体，彼此是相互联系、相互促进的。坚定贯彻新发展理念，要从整体上、内在联系上、系统上深刻把握新发展理念，统筹兼顾，不断提高贯彻新发展理念的能力和水平，为决胜全面建成小康社会打下坚实基础。

李根 / 摄

在各级政府精准扶贫、产业扶贫、文化扶贫等一系列政策和措施驱动下，通过自身努力，湖南省湘西土家族苗族自治州花垣县十八洞村村容村貌、经济收入、村民精神状态有了明显改变，已经成功脱贫。

图为十八洞村村民代表穿着民族服装、带着礼品在北京的一场活动中和大家见面。

第三讲

统筹推进“五位一体”总体布局

中国社会发展步入多元复合转型的重要战略机遇期，以习近平同志为核心的党中央顺应人民新期待，对我国社会主义现代化建设作出新的战略部署，统筹推进经济建设、政治建设、文化建设、社会建设、生态文明建设。“五位一体”总体布局作为一个有机整体，相互联系、相互渗透、相互促进，是夺取新时代中国特色社会主义伟大胜利的路线图，更是社会全面进步的任务书。“五位一体”总体布局深化了对中国特色社会主义发展规律的新认识，体现了新时代中国特色社会主义的建设要求，具有重大现实意义和深远历史意义。

一、建设现代化经济体系

习近平总书记强调：“建设现代化经济体系，是党中央从党和国家事业全局出发，着眼于实现‘两个一百年’奋斗目标、顺应中国特色社会主义进入新时代的新要求作出的重大决策部署。”①党的十九届四中全会强调加快建设现代化经济体系，并提出了具体的相关举措。

习近平总书记强调：“现代化经济体系，是由社会经济活动各个环节、各个层面、各个领域的相互关系和内在联系构成的一个有机整体。”②现代化经济体系的基本框架主要包括四个方面的内容：一是建设现代化的产业体系和结构。这是现代化经济体系的物质基础。要不断推动技术突破和创新，实现现代农业、制造业、现代服务业统一协调发展。推动既包括体现现代水平的新兴产业，也包括采用以信息化为标志的新科技的各类产业，即互联网、大数据和智能化与实体经济深度融合的产业发展。二是健全中国特色社会主义市场经济体制。政府和市场“两只手”都要起作用，这是我们的重要优势所在。不仅要具备市场经济的一般特征，让市场在资源配置中起决定性作用，还要适应中国国情、凸显中国特色，更好发挥政府的作用，加快实现“要素自由流动、价格反应灵活、竞争

①《习近平在中共中央政治局第三次集体学习时强调　深刻认识建设现代化经济体系重要性　推动我国经济发展焕发新活力迈上新台阶》，载《经济日报》2018 年 2 月 1 日。

② 同上。

公平有序、企业优胜劣汰”。要建设体现效率、促进公平的收入分配体系，缩小收入分配差距，体现社会公平正义，实现共同富裕。三是建设协调联动的城乡区域发展体系。增强区域之间的联系互动，推动城乡一体化发展，实现陆海统筹整体优化，发挥区域比较优势，进一步加强区域互补，扬长补短，提高区域整体发展水平。四是建设全方位立体化开放性的经济体系。深度加入全球精确化分工体系，优化结构、提高效益；既输出商品、要素，也吸收商品、要素；既可以引进来，也可以走出去，在更大范围、更宽领域、更深层次上提高经济水平。

“建设现代化经济体系是一篇大文章，既是一个重大理论命题，更是一个重大实践课题，需要从理论和实践的结合上进行深入探讨。”① 建设现代化经济体系，不仅要明确方向目标，清楚要干什么，还要把握着力点，知道要怎么干。一是夯实实体经济基础。我国实体经济正面临着“三重挤压”的困境，即高端产业流向发达国家，劳动密集型产业流向发展中国家，产业资本和社会资本流向虚拟经济。发展实体经济，要以科技创新带动产业升级，推动劳动、资本、技术等资源要素向实体经济集聚，政策措施向实体经济倾斜，加快促进迈向全球价值链中高端。二是强化创新驱动战略支撑。党的十九大报告指出：“创新是引领发展的第一动力，是建设现代化经济体系的战略支撑。”② 我国自主创新能力不强，与经济实力不匹配，成果转化对经济的支撑作用不明显。要注重加强国家创新体系建设，强化战略科技力量，推动科技创新和经济社会发展深度融合，塑造更多依靠创新驱动、发挥先发优势的引领型发展。三是优化城乡协调发展空间布局。全面建成小康社会，当然包括农村的小康，

① 《习近平在中共中央政治局第三次集体学习时强调　深刻认识建设现代化经济体系重要性　推动我国经济发展焕发新活力迈上新台阶》，载《经济日报》2018 年 2 月 1 日。

② 习近平：《决胜全面建成小康社会　夺取新时代中国特色社会主义伟大胜利——在中国共产党第十九次全国代表大会上的报告》，载《人民日报》2017 年 10 月 28 日。

耿玉和／摄

近年来，江苏省连云港市以技术进步和自主创新为动力，加快提升创新驱动能力，培育发展新兴装备制造业。

图为 2020 年 1 月 13 日，该市海州区新浦工业园一家机械制造企业的工人正在安装一批出口南亚的纺织用烫光机。

包括贫困地区的小康。推进乡村振兴战略，要使城市现代要素进入农村，推动新型工业化、信息化、农业现代化同步发展，形成城乡互补、工农互促的新型工农城乡协调融合发展格局。要坚持质量兴农、绿色兴农，因地制宜、循序渐进，推进农村“放管服”改革，加大政策倾斜力度，开拓投融资渠道，加强农村专业人才队伍建设，走中国特色社会主义乡村振兴之路。四是塑造开放型经济国际竞争力。中国的发展与世界的发展互为条件、互为机遇，已经紧密地融合在一起。要准确把握国内改革发展新要求，主动适应国际形势新变化，坚持共商共建共享原则、互利共赢开放战略，积极推进“一带一路”建设、贸易强国建设，培育国家经济合作和竞争新优势，改善外商投资环境，形成全面开放新格局。五是完善社会主义市场经济制度保障。没有成熟完善的市场经济体制作保障，很难有经济现代化，更谈不上现代化经济体系。要加快完善产权制度，打牢社会主义市场经济体制的坚固基石，发挥产权明晰的激励作用；加快推进市场要素配置，打破行业性垄断，最大限度地实现自由流动，充分发挥市场机制的作用，通过价格机制、竞争机制促进实现优胜劣汰。

二、发展社会主义民主政治

“中国特色社会主义政治发展道路，是近代以来中国人民长期奋斗历史逻辑、理论逻辑、实践逻辑的必然结果。”[①] 人民民主是社会主义的生命，是推进社会主义现代化、实现中华民族伟大复兴的前提。在推进国家治理体系和治理能力现代化的进程中，进一步坚持和完善人民当家作主制度体系，发展社会主义民主政治是我们面临的重要任务之一。

民心是最大的政治。坚持人民主体地位，以人民为中心，是发展社会主义民主政治的基本问题，也是中国共产党一以贯之的政治主张。“发展社会主义民主政治就是要体现人民意志、保障人民权益、激发人民创造活力。”[②] 第一，人民是社会主义事业的推动主体。在任何一个历史阶段，伟大事业的胜利始终离不开人民的拥护和支持，在实现中华民族伟大复兴中国梦的道路上，人民的力量始终是最根本、最坚实、最可靠的力量。从中华人民共和国的发展进程来看，人民依法通过民主选举选出自己的代表，积极参与国家管理，充分行使自己的知情权、参与权、表达权、监督权，对各领域各项活动进行民主协商、民主决策、民主管理、民主监督，社会主义事业在人民依法有序的积极参与下不断取得新的胜

① 习近平：《决胜全面建成小康社会　夺取新时代中国特色社会主义伟大胜利——在中国共产党第十九次全国代表大会上的报告》，载《人民日报》2017 年 10 月 28 日。

② 同上。

利，迈向新的征程。第二，人民是社会主义事业的创造主体。人民群众是历史的创造者，发展社会主义民主政治，要尊重劳动、尊重知识、尊重人才、尊重创造，把群众路线贯穿全过程，充分激发人民的积极性、主动性和创造性，有效凝聚民心、民气、民力，积极营造鼓励、支持、助力干事创业的良好氛围。第三，人民是社会主义事业的治理主体。人民当家作主是中国特色社会主义民主政治的本质和核心，人民代表大会制度是保证人民当家作主、支撑国家治理体系和治理能力的根本政治制度，要把坚定制度自信和不断完善优化统一起来，切实维护和保障最广大人民的根本利益，长期坚持、不断完善，保证人民依法享有广泛的权利和自由，承担应尽的义务，促进社会健康有序运行。

习近平总书记在党的十九大报告中指出："发展社会主义民主政治就是要体现人民意志、保障人民权益、激发人民创造活力，用制度体系保证人民当家作主。"[①] 制度，是指为了维护正常的生产生活而要求共同体成员共同遵守的规则，带有根本性、全局性、稳定性和长期性，不会"人亡政息"。人民当家作主制度体系就是若干紧密相连、相互促进的民主制度组成的制度群，它包括人民代表大会制度、中国共产党领导的多党合作和政治协商制度、爱国统一战线、民族区域自治制度、基层群众自治制度等。人民当家作主制度体系不仅把社会主义民主政治的优势充分发挥出来，还为人类政治文明进步提供中国方案、贡献中国智慧。"制度自信不是自视清高、自我满足，更不是裹足不前、固步自封，而是要把坚定制度自信和不断改革创新统一起来，在坚持根本政治制度、基本政治制度的基础上，不断推进制度体系完善和发展。"[②] 要持续推进人民

① 习近平：《决胜全面建成小康社会　夺取新时代中国特色社会主义伟大胜利——在中国共产党第十九次全国代表大会上的报告》，载《人民日报》2017 年 10 月 28 日。

② 习近平：《在庆祝全国人民代表大会成立 60 周年大会上的讲话》（2014 年 9 月 5 日），载《人民日报》2014 年 9 月 6 日。

刘震／摄

我国实行的人民代表大会制度是根据民主集中制的原则，通过民主选举产生全国人民代表大会和地方各级人民代表大会，以人民代表大会为基础，组成整个国家机构，实现人民当家作主的政权组织形式。
图为第十三届全国人民代表大会第二次会议现场。

当家作主制度体系规范化、程序化，保证人民依法通过各种途径和形式管理国家事务、社会事务，管理经济文化事业。

用制度体系保证人民当家作主，最根本的是坚持党的领导、人民当家作主、依法治国的有机统一。党的十九大报告指出：“党的领导是人民当家作主和依法治国的根本保证，人民当家作主是社会主义民主政治的本质特征，依法治国是党领导人民治理国家的基本方式。”中国特色社会主义最本质的特征是中国共产党领导。苏联解体的一个重要原因，就是戈尔巴乔夫让苏共“还权于苏维埃”，放弃了领导权。前车之鉴，后事之师。我们要在坚持党的领导的同时，不断改进党的领导方式和执政方式，保证党始终总揽全局、协调各方，领导人民有效治理国家。人民当家作主是党的人民立场和群众路线在社会主义民主政治建设中的根本体现。要把人民对美好生活的向往变成具体实践，积极扩大人民民主，丰富形式，拓宽渠道，扩大人民有序政治参与，切实保证人民的各项民主权利。全面依法治国是中国特色社会主义的本质要求和重要保障，要注重发挥法治在推进国家治理体系和治理能力现代化中的作用，坚持厉行法治，健全依法决策机制，构建决策科学、执行坚决、监督有力的权力运行机制。

三、推动社会主义文化繁荣兴盛

文化是一个国家、一个民族的灵魂。今天，我们距离实现中华民族伟大复兴的目标越来越近，但越接近目标，越需要付出更为艰辛的努力。只有推动社会主义文化繁荣兴盛，才能更好地凝聚起全党全国人民的思想共识和昂扬斗志，走好新时代的长征路，为全面建成小康社会提供不竭的动力支持，夺取新时代中国特色社会主义伟大胜利。

文化自信是一个国家、一个民族发展中更基本、更深沉、更持久的力量。历史和现实充分证明，一个国家、一个民族只有坚定文化自信，才能有坚守的定力、奋发的勇气、创新的活力。我们的文化自信源自中华优秀传统文化。5000 多年所孕育的中华民族优秀传统文化，源远流长、博大精深、灿烂辉煌，蕴含着中华民族最根本的精神基因，是中华民族精神追求和精神标识的集中体现，不仅滋养着每一位中华儿女，也促进着人类文明的进步。2017 年 11 月 8 日，美国总统特朗普访华的第一天，习近平主席陪同其前往故宫博物院。特朗普表示，体会到了中国传统文化的深厚底蕴，领略到了中国古代建筑的魅力和蕴藏其中的智慧。我们要向世界展示中华优秀传统文化的独特魅力，展现我们的文化自信。我们的文化自信源自中华民族 5000 多年文明历史所孕育的中华优秀传统文化，源自党领导人民在革命、建设、改革中创造的革命文化和社会主义先进文化。革命文化是近代以来，特别是五四运动以来，在党和人民的伟大斗争中孕育形成的，以“革命”为精神内核，如红船精神、井冈山精神、长征精神、延安精神、西柏坡精神等，它是由无数革命先烈的鲜血和生命铸就的，是中国革命事业的文化传承。社会主义先进文化是在推进中国特色社会主义伟大实践中形成的，它面向现代化、面向世界、面向未来，是民族的、科学的、大众的，代表着时代进步的发展方向。

我们坚定文化自信，目的在于文化自强，在于建设文化强国，在于更好地构筑中国精神、中国价值、中国力量。党的十九大报告旗帜鲜明地提出要“牢牢掌握意识形态工作领导权”。意识形态只有围绕社会“主旋律”，才能合奏出时代“最强音”。牢牢掌握意识形态工作领导权，最根本的是推进马克思主义中国化时代化大众化，既要坚持老祖宗不能丢，又要写出新篇章。党的十八大以来，以习近平同志为核心的党中央紧紧围绕新时代坚持和发展什么样的中国特色社会主义、怎样坚持和发展中国特色社会主义，进行了艰辛的理论探索，形成了习近平新时代中国特色社会主义思想，开辟了马克思主义新境界、中国特色社会主义新境界、治国理政新境界、管党治党新境界，使马克思主义中国化实现了一次新的飞跃。要坚持不懈用习近平新时代中国特色社会主义思想武装全党、教育人民，强化政治认同、思想认同、理论认同、情感认同，更好地用党的创新理论指导实践、推动工作。

任何一个历史时期，发展文化事业都需要一种价值观念引领前行。党的十九大报告指出：“社会主义核心价值观是当代中国精神的集中体现，凝结着全体人民共同的价值追求。”推动社会主义文化大发展大繁荣，就要积极培育和践行社会主义核心价值观，塑造全民族共同的价值理念。培育和践行社会主义核心价值观，说到底是在人的头脑里搞建设，要注重全方位贯穿、深层次融入，在落细、落小、落实上下功夫。一要党员干部带头。打铁必须自身硬，党员干部要以身作则、率先垂范，讲党性、重品德，感召群众、引领风尚。二要完善制度保障。建立有效的领导机制和稳定的管理制度，确保培育和践行的有效性、可持续性。2018年5月，中共中央印发的《社会主义核心价值观融入法治建设立法修法规划》，在诸多方面都明确要求将社会主义核心价值观融入制度建设、法治建设。三要从娃娃抓起。要把培养担当民族复兴大任的时代新人作为着眼点，充分发挥学校教育、家庭教育的重要作用。有组织地编写针对不同层次的辅导教材，有计划地开展教育，引导青少年自觉践行。

“文艺是时代前进的号角，最能代表一个时代的风貌，最能引领一个时代的风气。”[①]2017年11月21日，习近平总书记在给内蒙古自治区苏尼特右旗乌兰牧骑的队员们的回信中，高度肯定了这支扎根草原60年的“红色文艺轻骑兵”对事业的那份热爱、对党和人民的那份深情，并勉励他们继续扎根基层、服务群众，努力创作更多接地气、传得开、留得下的优秀作品。[②]进入新时代，社会主义文艺应感国运之变、发时代之声、展时代之貌，要坚持以人民为中心的创作导向。毛泽东曾在延安文艺座谈会上的讲话中一针见血地指出：“为什么人的问题，是一个根本的问题，原则的问题。”[③]社会主义文艺是人民的文艺，要引导文艺工作者正确认识“为了谁、依靠谁、我是谁”这个根本问题，把满足人民文化需求作为文艺工作的出发点和落脚点，为人民抒写、为人民抒情。一要繁荣文艺创作，广大文艺工作者要坚持思想精深、艺术精湛、制作精良相统一，讲品位、讲格调、讲责任，加强现实题材创作，不断推出接地气、传得开、留得下的，热爱祖国、讴歌人民、崇尚英雄的精品力作，在追求真善美中成就艺术理想、实现艺术价值。二要加强文艺队伍

① 习近平：《在文艺工作座谈会上的讲话》（2014年10月15日），载《人民日报》2015年10月15日。

②《习近平总书记给内蒙古自治区苏尼特右旗乌兰牧骑的队员们回信》，载新华网2017年11月21日。

③《毛泽东选集》第三卷，人民出版社1991年版，第857页。

张玮／摄

2019 年 11 月 14 日，内蒙古优秀乌兰牧骑展演活动在内蒙古自治区呼和浩特市拉开序幕，初冬时节，被草原农牧民亲切地称为“玛奈（我们的）乌兰牧骑”的展演点燃了草原民众的热情。图为蒙古族舞蹈。

建设，专业的文艺人才是社会主义文艺发展的保证，要灵活运用市场机制，加大激励和扶持力度，聚天下英才而用之，创新培养方式，造就一大批德艺双馨的名家大师，培育一大批高水平创作人才。三要深化文化体制改革，“党的十八大以来，随着全面深化改革压茬向前拓展推进，文化体制改革取得重大进展，相继推出300多项改革举措，重点难点改革实现了突破，基础性制度框架基本确立。”① 要继续加大改革的力度和深度，加快构建社会效益放在首位、社会效益与经济效益相统一的体制机制，实现以改革促发展、促繁荣。四要完善公共文化服务体系，深入实施文化惠民工程，加大街道、社区公共图书馆、文化站、活动中心建设，搭建公共服务文化网络平台，不断丰富群众性文化活动，努力提高标准化均等化水平。五要健全现代文化产业体系和市场体系。着眼于推动文化产业快速发展，创新生产经营机制，推动“互联网+”对传统文化产业的整合，着眼于扩大中华文化影响，有效加强中外人文交流，以我为主、兼收并蓄，提高国际传播能力，讲好中国故事，展现中国力量，提高国家文化软实力。

① 刘奇葆:《推动社会主义文化繁荣兴盛》，载《人民日报》2017年11月13日。

四、带领人民创造更加幸福美好的生活

为什么人的问题，是检验一个政党、一个政权性质的试金石。让人民过上幸福生活是社会主义社会的本质要求。坚持以人民为中心是新时代坚持和发展中国特色社会主义的根本立场，带领人民创造更加幸福美好生活是统筹推进“五位一体”总体布局的根本价值指向。

民生无小事，枝叶总关情。“治天下也，必先公，公则天下平矣。”让改革成果更多更公平惠及全体人民，在更高水平上实现“幼有所育、学有所教、劳有所得、病有所医、老有所养、住有所居、弱有所扶”，使人民获得感、幸福感、安全感更加充实、更有保障、更可持续，是社会主义制度优越性的集中体现。只有把这个问题解决好，党和国家的发展才有最深厚的力量。在推进社会各领域深化改革的过程中，要永怀对人民的拳拳赤子之心，永葆革命意志和奋斗精神，坚持人民利益高于一切，坚持立党为公、执政为民，牢记改革是“为了谁”。既要抓住人民最关心最直接最现实的利益问题，又要处理好当前和长远、福利增长和经济发展的关系。要紧紧抓住教育、就业、社会保障、人民健康等核心问题，采取覆盖面更大、针对性更强、作用更直接、效果更明显的举措，解决好群众的难题，提升群众的幸福感。要完善制度保障，加紧推进收入分配制度、公立医院改革、社会保险制度改革等，最大限度地满足公众期待，使各项改革成果相互配合、相互促进，共同为创造人民幸

福生活提供强大支撑。要规范决策程序，按照科学严谨、公开透明的原则，开展深入的调查研究，做好宣传解读，争取赢得最大公约数的理解和支持。

打好精准脱贫攻坚战是党的十九大提出的三大攻坚战目标之一，是全面建成小康社会的目标底线。一方面，脱贫攻坚战取得了决定性进展。2019年《政府工作报告》指出：“精准脱贫有力推进，农村贫困人口减少1386万，易地扶贫搬迁280万人。”“资助各类学校家庭困难学生近1亿人次。棚户区住房改造620多万套，农村危房改造190万户。”另一方面，脱贫攻坚战已进入决战决胜的关键阶段，越往后难度越大，成效越慢，不是敲锣打鼓、轻轻松松就能够实现的。脱贫攻坚贵在精准，重在精准，明确“扶持谁”。精准确定贫困人口，理清贫困原因，切实摸清底数，实行动态监测管理，使因人因地施策具备必要条件。因村派人精准，明确“谁来扶”，关键是要落实责任人，层层压实责任，确保任务到人，责任落到实处，做到不脱贫不脱钩。要加快形成工作机制，明确“怎么扶”，要各司其职、各尽其责，确保从前期的项目计划到资金的投放以及后期的具体举措精准到户。开对“药方子”，才能拔掉“穷根子”，坚持因地制宜，实施“五个一批”工程，即发展生产脱贫一批，易地搬迁脱贫一批，生态补偿脱贫一批，发展教育脱贫一批，社会保障兜底一批。考核精准，明确“如何退”，建立健全贫困县摘帽、贫困户脱贫评估机制，明确标准、程序，确保结果真实。总而言之，扶贫工作是一个综合的、复杂的、持久的系统工程，不是一朝一夕就能实现的，需要坚持不懈、久久为功，需要不断创新模式、积极探索有效途径。

社会治理是国家治理的重要领域，社会治理现代化是国家治理体系和治理能力现代化的题中应有之义。习近平总书记多次明确提出，要打造共建共治共享的社会治理格局，并提出了一系列具体的措施，为新时代加强和创新社会治理提供了根本遵循。一要实现治理结构的合理化。

完善党委领导、政府负责、社会协同、公众参与、法治保障的社会治理体制。各级领导干部要善于运用法治思维和法治方式，化解矛盾、破解难题、促进和谐。社会力量在管理社会事务中要发挥应有的作用，鼓励群众依法实行自我管理、自我服务，同时加强对各类社会组织的规范和引导。加强社区治理体系建设，把更多资源、服务、管理运用到社区，实现政府治理和社会调节、居民自治良性互动。二要实现治理方式的科学化。现代信息技术的发展深刻影响着当代社会，人工智能、互联网、云计算等，使人们生活方便快捷的同时，也引发了一些社会问题。网络空间并非一方净土，有时甚至成为犯罪的滋生地。要协调推进网下和网上社会治理，贯彻落实《中华人民共和国网络安全法》《网络信息内容生态治理规定》，打造清朗的网络空间。三要实现治理过程的民主化。2014 年 7 月，习近平总书记在中央政法工作会议上的讲话中指出："社会治理是一门科学，管得太死，一潭死水不行；管得太松，波涛汹涌也不行。"要兼顾秩序和活力，既要追求有序稳定，又要激发社会活力，两者辩证统一于加强和创新社会治理的实践之中。要坚定不移走中国特色社会主义社会治理之路，积极鼓励人民群众参与社会治理，形成人人有责、人人担责、人人尽责的社会治理共同体。

五、建设美丽中国

党的十九大首次将“美丽”作为社会主义现代化强国目标之一，2019 年 4 月 28 日，习近平主席在 2019 年中国北京世界园艺博览会开幕式上发表重要讲话指出，“建设美丽中国已经成为中国人民心向往之的奋斗目标”，也向世界展示了建设美丽中国的坚强决心。建设美丽中国，是中华民族永续发展的千年大计，功在当代、利在千秋。

“自然是生命之母，人与自然是生命共同体，人类必须敬畏自然、尊重自然、顺应自然、保护自然。”① 习近平总书记的这句话明确了人与自然相互依存、不可分割，强调要正确处理人与自然的关系。坚持人与自然和谐共生是新时代坚持和发展中国特色社会主义基本方略之一，是回应新时代社会主要矛盾的迫切要求。人因自然而生，人类的一切生活与生产活动都依赖于自然界。改革开放 40 多年来，我国经济建设取得的成就举世瞩目，但各类环境问题呈高发态势，成为明显的短板。“清凌凌的水蓝莹莹的天”“蓝蓝的天上白云飘”……一句句广为传唱的歌词，描绘的是曾经常见的美景。如今这些景色在很多地方已经成了“稀客”，时常出现的雾霾锁城、水体污染、土壤毒瘤成为民生之患、民心之忧。以往鉴来，新时代人民群众的需求结构发生了深刻变化，追求关

① 习近平:《在纪念马克思诞辰 200 周年大会上的讲话》，载《人民日报》2018 年 5 月 5 日。

切从“物质文化需要”转变到“美好生活需要”，对干净的水、清新的空气、安全的食品、优美的环境等要求越来越高，从过去“求生存”“盼温饱”，到现在“求生态”“盼环保”，环境美成为人民幸福生活的新标准。实现人与自然和谐共生，是人民群众的强烈呼声和热切期盼，也是我们党的使命要求，“建设望得见山、看得见水、记得住乡愁的美丽中国”自然就成为思考问题、平衡关系、综合决策的重要出发点和落脚点。

“要像保护眼睛一样保护生态环境，像对待生命一样对待生态环境。”①党的十八大以来，在习近平生态文明思想指导下，我国在生态环境建设方面，尊重自然的主体地位、主动顺应自然规律，约束人的行为，将经济活动、人的行为限制在自然资源和生态环境能够承受的限度内。同时，坚决向污染宣战，发布实施了大气、水、土壤污染防治三大行动计划，生态环境质量持续改善，生态文明建设全面提速、成效显著。一组数据可以看到近年来我国在污染治理方面的努力——火电超低排放改造比例达到 80% 以上，钢铁超低排放改造取得进展；能源消费中，煤炭占比从之前的 70% 左右降到 59%；建立健全国家大气环境质量监测网络，设立 1436 个监测点位。②和很多国家相比，我国的重视程度之高、治理力度之大、环境质量改善速度之快，世界罕见。

不以规矩，不能成方圆；不以严法，难以成升平。当前，我国生态环境方面的突出问题多数与制度不严格、体制不健全、执行不到位、惩处不得力有关。因此，必须切实加强制度体系建设，把生态文明建设纳入制度化、法治化轨道，真正做到有法可依、有法必依、执法必严、违法必究，强有力地为建设美丽中国保驾护航。习近平总书记多次强调，只有实行最严格的制度、最严密的法治，才能为生态文明建设提供可靠

①《习近平新时代中国特色社会主义思想学习纲要》，学习出版社、人民出版社 2019 版，第 169 页。

② 高敬:《提升生态文明　建设美丽中国》，载新华网 2019 年 9 月 29 日。

马铭言／摄

近年来，青海省西宁市用绿色城市建设理念统领城乡发展总体规划，将森林城市、森林乡村渗透到城市设计、建筑风格、园林绿地上，形成了点线面绿化结合，城在林中，林在城中，山水林城交汇共融的森林城市格局，成为青藏高原人与自然和谐共生的绿色发展的样板。图为西宁市城区一景。

保障。在生态环境保护问题上，不能越雷池一步，否则就要受到惩罚。党的十八大以来，关于生态环境治理的相关制度频频出台，严格监管执法。如中共中央、国务院印发的《关于加快推进生态文明建设的意见》《生态文明体制改革总体方案》《关于省以下环保机构监测监察执法垂直管理制度改革试点工作的指导意见》《党政领导干部生态环境损害责任追究办法（试行）》等重要文件，以及《中华人民共和国环境保护法》《中华人民共和国大气污染法》《中华人民共和国水污染防治法》《中华人民共和国环境影响评价法》《中华人民共和国核安全法》《中华人民共和国环境保护税法》等法律的修订与制定，都为生态环境保护提供了充分的执法依据与严厉保障。2019 年 6 月，中共中央办公厅、国务院办公厅印发的《中央生态环境保护督察工作规定》，首次以党内法规的形式确立了中央生态环保督察的基本制度框架、程序规范、权限责任等，进一步彰显了党中央建设美丽中国的坚定决心，也将为依法推动生态环保督察向纵深发展、确保美丽中国建设稳步推进发挥重要的保障作用。在这些法治建设的基础上，要继续注重从源头上加强防护，加强过程监管，加大惩处力度，推进制度创新，增加制度供给，构建产权清晰、多元参与、激励约束并重、系统完整的生态文明制度体系，建立有效约束开发行为和促进绿色循环低碳发展的生态文明法律体系。要加强环保信用评价体系建设，常态化推进信息披露制度，提高环保标准，加大执法力度，推动企业严格守法、不触红线。要加强党对生态文明建设的领导，落实领导干部生态文明建设责任制和党政同责一岗双责要求，严格用制度管权治吏。

第四讲

决胜全面建成小康社会的战略举措

在决胜全面建成小康社会、建设社会主义现代化国家的进程中，党中央作出了“七大战略”部署安排，即坚定实施科教兴国战略、人才强国战略、创新驱动发展战略、乡村振兴战略、区域协调发展战略、可持续发展战略、军民融合发展战略。战略既是目标，更是措施、办法。决胜全面建成小康社会的战略举措是紧扣我国社会主要矛盾变化，突出抓重点、补短板、强弱项的重大决定，是使全面建成小康社会得到人民认可、经得起历史检验的重要抉择。

一、坚定实施科教兴国战略

科教兴国战略首次出现在1995年5月中共中央、国务院颁布的《关于加速科学技术进步的决定》中，它向全世界传达出中国将重点依靠科技和教育来推动国家发展和民族振兴的信号。之后，我国不断推进科教兴国战略。党的十九大把科教兴国战略作为决胜全面建成小康社会的重大战略部署之一，进一步明确了科教兴国的重要地位。

科技是实施科教兴国战略的关键。中华人民共和国成立70多年来，我国科技事业获得飞跃发展，取得了辉煌成就。党的十八大以来，习近平总书记多次就我国科技事业发展发表重要讲话、作出重大决策，科技发展呈现出新局面。第一，科技实力和创新能力显著提升。科技创新是科技发展的驱动力，是民族进步之魂。我国不仅在高技术领域取得突破，如北斗导航卫星实现全球组网，“蛟龙号”载人潜水器、“海斗号”无人潜水器先后创造最大深潜纪录，赶超国际先进水平的第四代隐形战斗机和大型水面舰艇相继服役等，而且在基础研究领域也取得重大突破，如屠呦呦及其团队发现的青蒿素从根本上改变了寄生虫疾病的治疗，潘建伟团队的“多自由度量子隐形传态”研究位列2015年度国际物理学十大突破榜榜首等。第二，科技人才队伍更加雄厚。中华人民共和国成立之初，国内只有30多个研究机构，科学技术人员还不到5万人，有人甚至曾作出“新中国科技发展至少落后西方发达国家100年”的无奈

郭文彬 / 摄

2019 年 12 月 16 日 15 时 22 分，中国在西昌卫星发射中心用长征三号乙运载火箭，以“一箭双星”方式成功发射第 52、53 颗北斗导航卫星。至此，所有中圆地球轨道卫星全部发射完毕，此举标志着北斗三号全球系统核心星座部署完成。
图为长征三号乙运载火箭点火起飞。

感慨。如今，中国科技的“含金量”不断提高，高水平的科技人才已成为我国科技发展的关键力量。

教育是实施科教兴国战略的基础。教育是一项关系实现中华民族伟大复兴的中国梦、建设社会主义现代化强国的重大战略工程。教育是传播知识的重要手段，教育承载着传播科学知识、塑造优质人才的重要使命。国家通过教育的方式，培养学生的爱国主义精神、集体主义精神、团队协作精神等，引导广大学生心往一处想、劲往一处使，最大限度凝聚起实现中华民族伟大复兴的重要力量。教育是培养人才的主要渠道。纵览世界各国综合国力的竞争与角逐，最终还是靠人才，源源不断的人才资源可以使我国在国际竞争中激发出潜在优势，而人才的培养最终还是靠教育。2018 年 9 月，习近平总书记在全国教育大会上强调，教育是国之大计、党之大计。这一重要论断，是以习近平同志为核心的党中央对新时代教育的新定位，为新时代我国教育事业的发展指明了方向。

科教兴国战略是决胜全面建成小康社会、实现中华民族伟大复兴的中国梦的重要支撑。在决胜全面建成小康社会期间，要想让小康社会经得起考验、能得到人民的广泛认可，必须继续加强科教兴国战略。新时代，党和国家发展对科教人才的需要比历史上任何时期都更加迫切，全面建成小康社会需要更多科技人才和高级知识分子参与进来，为科教事业作出更大贡献。随着习近平主席提出“中国已经进入全面建成小康社会的决定性阶段。实现这个目标是实现中华民族伟大复兴中国梦的关键一步”①，全面建成小康第一次被看作实现中华民族伟大复兴的重要一步，而科教兴国战略作为决胜全面建成小康社会的七大战略之一，也成为实现中华民族伟大复兴的中国梦的重要指南。

新时代，坚定实施科教兴国战略必须大力推进科技创新、坚持教育

① 习近平：《弘扬丝路精神　深化中阿合作——在中阿合作论坛第六届部长级会议开幕式上的讲话》（2014 年 6 月 5 日），载《人民日报》2014 年 6 月 6 日。

优先发展、发挥人力资源优势。第一，必须大力推进科技创新。创新是引领发展的第一动力，科技发展应以科技创新为引领，坚决把科技创新摆在更重要的位置上。中华人民共和国成立 70 多年来，科技创新能力在国家发展全局中的地位不断提升，已经成为我国经济和社会发展的重要支撑。中国科技发展走出了立足基本国情、自主创新的道路，为建设科技强国打下了坚实基础。新时代坚定实施科教兴国战略，依然需要大力推进科技创新，书写科技创新的新篇章。第二，必须坚持教育优先发展。优先发展教育是党和国家过去坚持并将长期坚持的重要方针，教育的发展状况不仅会影响国民素质的高低，而且会影响国民经济的发展。改革开放以来，中国教育敞开大门，开启与世界交流的新征途。恢复高考、出国留学热成为中国教育拥抱世界的重要举措，自此中国教育进入发展的快车道。今天，中国教育站在新的历史起点上，我们更应加快推进教育现代化，建设教育强国。第三，必须发挥人力资源优势。自科教兴国战略提出以来，尊重人才成为时代最强音，中国也逐渐从人口大国迈向人力资源强国。在规范人才管理流程时，应更注重营造良好工作环境，激发人才创新活力；在规划人才布局结构时，应更注重培养内部人才与吸引外部人才相结合，形成内外合力促发展；在发挥人才绝对优势时，应更注重健全人才评价体系，完善人才激励制度，激发人才积极性等。

二、坚定实施人才强国战略

党的十九大报告提出，人才是实现民族振兴、赢得国际竞争主动的战略资源。人才竞争已经成为综合国力竞争的核心，没有一支宏大的高素质人才队伍，全面建成小康社会的奋斗目标和中华民族伟大复兴的中国梦就难以实现。

由人口大国转向人才强国是时代赋予的重要使命。中国有14亿人口，庞大的人才资源和人力资本就成为我国独有的优势之一。一方面，人口大国产生的“人口红利”成为推动我国经济发展的重要动力；另一方面，教育尤其是高等教育的深入开展所带来的“人才红利”也逐渐显现出来。由此，中国面临着由人口大国向人才强国的转变，这一转变既是时代赋予我们的重要使命，也是时代发展的必然要求。从国际竞争要素来说，人才强国战略是增强国际竞争力的核心要素。习近平总书记不止一次谈到综合国力竞争与人才资源之间具有紧密联系，并将综合国力竞争的核心要素归结于人才的竞争。在日趋激烈的国际竞争中，谁掌握的人才资源多，谁就拥有更多的发展机会，谁就能在发展中处于领先地位、掌握主动权和话语权。从国家发展情况来说，人才强国战略是建设创新型国家的基本前提。当前，虽然我国积极推进了人才强国战略，但仍存在着高水平创新人才尤其是科技领军人才较为匮乏的问题，因此继续坚定实施人才强国战略也就成为建设创新型国家的一个基本前提。从

刘忠俊／摄

人才是产业发展的关键，四川省成都市制定实施“蓉贝”软件人才计划，给予软件人才崇高礼遇、实在待遇，就是要聚集软件人才，将成都打造成“程序员之都”。

图为2019年12月9日，成都市举行软件产业发展誓师大会暨“蓉贝”软件人才计划启动大会。

战略布局来说，人才强国战略是推进其他战略实施的根本动力。人才强国战略与科教兴国战略关系紧密，实施科教兴国战略就意味着需要更多的科教人才投入其中；实施创新驱动发展战略，无论是科技创新、技术创新还是理论创新，执行起来最终都要依靠大量的人才；实施乡村振兴战略，同样需要很多懂农村发展、懂农民生活的人才不断融入乡村发展。

坚持党管人才，加快建设人才强国。从“尊重人才”到“人才资源是第一资源”，再到大力实施人才强国战略，党和国家对人才资源的重视程度是不断加深的。人才强国战略的实施不仅是为了提高人才竞争力、提升综合国力，也是为全面建成小康社会和实现中华民族伟大复兴的中国梦提供有力支撑。如今人才强国战略的实施已经迈上新台阶，这与坚持党管人才的原则密不可分。我们党具有政治、组织、制度等优势，坚持党管人才的原则，能够使人才工作始终沿着正确的方向推进。习近平总书记明确指出，择天下英才而用之，关键是要坚持党管人才原则。通过党管人才，制定相关政策、创新合理机制、提供优质服务等为人才提供更好的发展空间，从而更好地解决管什么和怎么管的问题。第一，管什么指的是党管人才的内容。习近平总书记强调，党管人才，主要是管宏观、管政策、管协调、管服务，而不是由党委去包揽人才工作的一切具体事务。在思想领域中，党管人才体现为要加强党对人才的政治指引作用，明确人才是为实现社会主义现代化建设、为实现中华民族伟大复兴服务；在政策规约中，党管人才体现为加强党对人才工作的集中统一领导，使人才资源在党的领导下更加有序地发挥作用。第二，怎么管指的是党管人才的方式。习近平总书记强调，要坚持和完善党管人才原则，切实改进党管人才的方法，真正做到解放人才、发展人才、用好用活人才。这就充分体现出，党管人才并不是设定“条条框框”来限制人才发展，更不是人才发展的“绊脚石”“拦路虎”，而是在管理人才的同时，尽可能地发挥人才活力，为各类人才提供更广阔的发展空间和发展机遇。

破除体制机制障碍，创造良好人才环境。目前，体制机制的障碍逐渐成为人才强国战略实施的重要阻力之一。2016 年 3 月，中共中央印发《关于深化人才发展体制机制改革的意见》，该意见从管理体制、评价机制和组织领导等方面提出了关于人才发展机制改革的措施，是一个指导全国人才工作的重要文件。在管理体制层面，在强化政府对人才进行宏观管理的同时，要健全市场化和社会化的人才服务体系，从而实现政府管理和市场调节的双重作用；在评价机制层面，应坚持以德才兼备为导向，克服唯学历、唯职称、唯论文等片面倾向，从而使评价机制更加合理化；在领导机制层面，坚持党对人才工作的集中统一领导，改进党管人才的方式方法，开发出人才工作新格局。另一方面，必须创造良好的人才环境，更大地激发人才活力。良好的人才环境有助于造就高技术、高素质人才。创造良好的人才环境，需要政府、社会、企业等共同发力，从资金投入、社会资源分配等方面给予支持。通过营造宽松的人才环境，各类人才在各行业都能得到尊重，才能更大地激发人才活力，创造更多的财富。

三、坚定实施创新驱动发展战略

创新是一个民族进步的灵魂，是一个国家兴旺发达的不竭动力。创新居于国家发展全局的核心位置，是引领发展的第一动力。当今世界发展越来越依赖理论、科技、制度、文化等创新，综合国力的优势也充分体现在创新能力上。

创新成为驱动发展的新引擎。20 世纪五六十年代“两弹一星”研制进入关键阶段时，苏联撤走所有专家、销毁所有技术资料以及近几年的中美贸易摩擦启示我们掌握核心技术是多么重要，实践也反复证明核心的科学技术是要不来的，我们必须通过自主探索求突破。党的十八届五中全会提出新发展理念，不断深化对发展的理解，并将创新的发展理念定位为新发展理念之首，彰显出创新发展理念的重要地位。“造不如买，买不如租”的旧观念已经过时，我们已在从跟进型转向引领型、从“中国制造”转向“中国创造”的征途中。近几年来，“天宫”“天眼”“悟空”等重大科技成果的相继问世向世界展示了中国科技创新的实力。我国先进的科学技术逐渐走出中国视野，走向世界前沿。

2016 年 5 月，中共中央、国务院印发了《国家创新驱动发展战略纲要》。该纲要明确了我国创新战略的目标，该目标以国家现代化建设“三步走”战略为上位准则，也提出了“三步走”的目标。第一步，到 2020 年进入创新型国家行列，基本建成中国特色国家创新体系，有力支撑全

盛佳鹏 / 摄

庆祝中华人民共和国成立 70 周年大会群众游行中的“创新驱动”方阵。

面建成小康社会目标的实现。第二步，到2030年跻身创新型国家前列，发展驱动力实现根本转换，经济社会发展水平和国际竞争力大幅提升，为建成经济强国和共同富裕社会奠定坚实基础。第三步，到2050年建成世界科技创新强国，成为世界主要科学中心和创新高地，为我国建成富强民主文明和谐的社会主义现代化国家、实现中华民族伟大复兴的中国梦提供强大支撑。[①]

加快实施创新驱动发展战略应重点从破除体制机制障碍与提升自主创新能力入手。自创新驱动发展战略实施以来，我国虽然取得了突出成就，但仍然存在着许多问题，在加快实施创新驱动发展战略过程中，破除体制机制障碍与提升自主创新能力成为重点突破方向。第一，破除体制机制障碍。多年来，我国一直存在着科技成果向现实生产力转化不顺畅的痼疾，其主要原因之一就是在科技创新链上还存在体制机制“卡脖子”的问题。因此，实施创新驱动发展战略、增强科技创新活力，必须破除体制机制障碍。一要完善基础研究机制。基础研究在科学研究中处于基础地位，是整个科学体系的源头，无论是科技开发还是应用研究都离不开它的支持，因此我们必须从加大投入资金比例、出台相关政策等方面完善基础研究机制。二要完善原始创新研究机制。原始创新是从“0”到“1”的过程，相应的阻力会更多，而原始创新动力不足也是我国目前实施创新驱动发展战略的主要问题之一。面对这一问题，我们应继续大力支持一些创新能力强的科技机构、团体，推进重点技术领域的研究等，鼓励、引导社会和企业重视原始创新能力的培养。第二，提升自主创新能力。提升自主创新能力既体现在要重点突破核心技术的创新，又体现在多主体多领域的协同创新。核心技术领域的重点突破是体现国家创新能力的“闪亮名片”，而多主体多领域的协同创新能够集聚

①《中共中央 国务院印发〈国家创新驱动发展战略纲要〉》，载《人民日报》2016年5月20日。

不同领域的专业人才，增强其协同创新能力。要树立创新的新理念，增强自主创新的信心。通过不断更新创新观念，形成“观念先行”，并进一步作用于行动上，在“敢”字、“能”字、“善”字上下功夫，为创新提供源源不断的动力。目前，随着科教兴国、创新驱动发展战略的实施，我国的创新能力不断提升，核心技术领域取得了重大突破，这都是我们推进自主创新取得的成果，也是继续深入推进创新驱动发展战略的信心和底气的重要来源之一。要加大科技研发投入比例，优化科技研发结构。近年来，越来越多的“中国制造”“中国创造”走向世界，在激烈的竞争中脱颖而出。我们要清醒地认识到，虽然我国在核心科技、重大科技装备等方面取得了一些成果，但科技领域的创新水平还与其他国家存在一定差距，科技创新基础还不十分牢固，关键技术受制于人的局面仍没有完全摆脱。面对这些问题，我们必须坚定实施创新驱动发展战略，加大科研投入力度，优化科研结构，敢啃“硬骨头”，继续发挥出创新驱动发展的强大动力，夯实建设创新型国家的基础。

四、坚定实施乡村振兴战略

以习近平同志为核心的党中央着眼于决胜全面建成小康社会、全面建成社会主义现代化强国的“两个一百年”奋斗目标，提出实施乡村振兴战略，将乡村发展、乡村振兴摆到历史新高度。坚持农业农村优先发展的原则，向社会明示了我们党历史性地把农业农村摆在了党和国家的优先位置，作为全党工作的重中之重。

党的十九大以来，以习近平同志为核心的党中央围绕实施乡村振兴战略、针对“三农”发展问题作出了很多关键性论述，成为新时代引领乡村发展的行动指南。首先，明确乡村振兴的内容涵盖农业、农村、农民的方方面面。习近平总书记指出，乡村振兴是一盘大棋，要把这盘大棋走好。乡村振兴是一个复杂的系统工程，包括产业、文化、人才、生态、组织振兴等各方面。在乡村振兴的过程中，既注重抓短板、弱项，又要强调促进农村的全面发展与进步，加快推进农业农村现代化。其次，明确乡村振兴战略的最终目标是实现“三农”现代化。中华人民共和国成立 70 多年来，农村的面貌发生了根本性变化，但农业仍然是全面建成小康社会的短板，而坚定实施乡村振兴战略，最终目的就是解决“三农”问题，实现“三农”现代化。最后，明确乡村振兴战略的根本举措是坚持农业农村优先发展。按照习近平总书记提出的“产业兴旺、生态宜居、乡风文明、治理有效、生活富裕”的总要求，我们要从“三农”

的短板入手，从农业资金管理使用、供给侧结构改革等方面，保障农业农村实现优先发展。

实施乡村振兴战略是解决我国社会主要矛盾、实现“两个一百年”奋斗目标、实现全体人民共同富裕的必然要求。第一，实施乡村振兴战略是解决我国社会主要矛盾的必然要求。当前，我国社会的主要矛盾已经转化为人民日益增长的美好生活需要和不平衡不充分的发展之间的矛盾。在这一背景下，一方面，人们对美好生活的向往有了更高的要求，表现出了比以往更高的期待度，另一方面，不平衡不充分的发展问题在农村表现得最为突出，主要体现为城乡之间的不平衡，乡村社会发展的不充分等。因此，坚定实施乡村振兴战略，使农村的基础设施更加完备、福利待遇制度更加完善，逐渐解决发展中存在的不平衡不充分问题、满足人民对美好生活的期待成为解决我国社会主要矛盾的必然要求。第二，实施乡村振兴战略是实现“两个一百年”奋斗目标的必然要求。其一，坚定实施乡村振兴战略是全面建成小康社会的必然要求。小康不小康，关键看老乡。农村发展如何，农业发展如何、农民感受如何，是检验小康社会成色的关键指标。其二，坚定实施乡村振兴战略是全面建成社会主义现代化强国的必然要求。没有农业农村的现代化就不会有国家的现代化，农业农村现代化建设的成效关系到全面建成现代化国家的历史进程。因此，全面建成现代化国家必须坚定实施乡村振兴战略。第三，实施乡村振兴战略是实现全体人民共同富裕的必然要求。党的十八大以来，在以习近平同志为核心的党中央领导下，我国脱贫攻坚战虽然取得了明显成效，但乡村贫困仍是实现全体人民共同富裕的主要阻力之一。在全面建成小康社会的决胜期，最艰巨的任务仍然在农村。因此，只有继续实施乡村振兴战略，摘掉农村贫困的帽子，农民生活变好了，全体人民共同富裕才有可能实现。

实施乡村振兴战略必须从坚持走绿色发展之路、深入推进“三农”

邱海鹰／摄

地处四川省华蓥山区的华蓥市把农村路网建设纳为脱贫攻坚、乡村振兴的重要内容，全力构建农村路网体系，新建、扩建、改建、黑化或硬化农村公路，极大地方便了山区群众的生产生活，让乡村驶上了振兴快车道。
图为该市禄市镇凉水井村新竣工的乡村旅游公路和便民路，把利用河滩地、撂荒地建起的湿地公园装点得格外美丽。

工作、着力消除城乡二元结构等方面重点突破。第一，坚持走绿色发展之路。坚持走绿色发展之路，就是立足于可持续发展的需要，处理好人、自然、社会三者的和谐关系，让生态环境成为乡村振兴的最大特色和优势，让绿色发展模式成为农业发展源源不断的动力。在坚定实施乡村振兴战略的过程中，我们必须牢固树立“绿水青山就是金山银山”的发展理念，在经济发展中守好生态环境的底线、红线，统筹推进经济发展与生态保护之间的关系，坚持把生态文明建设摆在重要位置，推进乡村建设。第二，深入推进“三农”工作。2019 年 12 月召开的中央农村工作会议指出：“全面建成小康社会，最突出的短板在‘三农’。”“三农”问题是关系国计民生的根本性问题，对决胜全面建成小康社会起到重要作用。在全面推进“三农”工作时，通过加强党对“三农”工作的领导，强化各级领导干部的责任意识，大力培养优秀“三农”工作队伍，用具体成效为决胜全面建成小康社会助力。第三，着力消除城乡二元结构。党的十八大以来，我国农村的面貌发生了天翻地覆的变化，但目前“城乡二元结构”仍是发展的较大阻力，它不仅阻碍了乡村发展，而且使城市发展失去了重要依托。因此，要打破“城乡二元结构”，乡村振兴战略必须成为重要抓手。要形成城乡一体化的整体思路，无论是在经济、公共服务设施建设还是在教育、医疗等方面，都应让农民享受到和城市居民同等待遇，同时要在破解城乡二元结构的体制上做“文章”，要将中央和地方、城乡、区域联动改革有机统一起来，在体制上实现多级联动，驱动乡村振兴发展。

五、坚定实施区域协调发展战略

习近平总书记指出，下好“十三五”时期发展的全国一盘棋，协调发展是制胜要诀。实施区域协调发展战略对增强我国区域发展协同性、推动建设现代化经济体系、实现“两个一百年”奋斗目标，均具有重大战略意义。

区域协调发展战略是推动经济高质量发展的重要任务。区域发展不平衡、差异大是我国区域发展的基本国情。改革开放之初，我国通过在东部沿海地区设立经济特区、开放沿海城市的方式，释放东部地区的经济活力，大量吸收国外资金和技术，使东部地区一跃成为我国经济发展的“主力军”。但是，东西部区域的发展差距逐渐增大。之后，随着西部大开发、振兴东北地区等战略的陆续实施，东西部区域发展差距逐渐缩小。党的十八大以来，以习近平同志为核心的党中央提出京津冀协同发展、长江经济带发展、粤港澳大湾区建设、黄河流域生态保护等重大战略，取得重大成就，形成区域发展新格局。从西方发达国家的经验来看，将区域发展的差距缩小到一定范围内能更好地推进经济高质量发展。而从我国的发展实际来看，区域发展的不平衡问题依然存在，解决这一问题成为推动经济高质量发展、全面建成小康社会的重要任务之一。当前，由于我国经济增长由高速增长阶段转向高质量发展阶段，简单地要求各地区经济发展保持同一水平是不现实的。因此，我们应该坚定实施

鲁丹阳 / 摄

北京、天津、上海、山东、江苏、浙江六省市分别与青海藏区六州结对帮扶支援，为其输入资金、人才、技术、教育等资源要素，实现资源的优化配置和地区之间的优势互补，推动区域协调发展。
图为青海省海南藏族自治州兴海县易地扶贫搬迁安多民俗文化村集中安置点正在建设的健身馆。

区域协调发展战略，解决区域发展的不平衡问题，在发展中促进各区域发展水平相对平衡。一方面，政府应集中发力，完善政策制度体系，深化各区域发展深度合作，以重点发展区域和特殊发展区域为主要抓手，带动其他地域发展，真正做到优势互补，通过缩小地域差距来促进地区间发展的相对平衡；另一方面，市场要加紧调控，健全市场一体化的发展机制，从而形成统一、开放、竞争、有序的市场体系，最大限度地发挥市场这只“看不见的手”的调节作用。

针对区域协调发展，习近平总书记鲜明提出了“尊重客观规律、发挥比较优势、完善空间治理、保障民生底线”的要求。一是尊重客观规律，提升中心城市和城市群的综合承载力。就我国发展现实来看，区域发展差异较大，产业和人口具有明显向大城市和城市群聚集的大趋势，中心城市和城市群已经成为引领经济发展的核心动力源。例如，“十三五”规划中提出加快发展的 19 个城市群，这些城市群承载了全国 80% 左右的国内生产总值。因此，在加快促进各类生产要素向优势地区聚集、提高资源配置效率、破除资源配置障碍的同时，应该大力提升中心城市和城市群的综合承载力，从而使其更好地发挥经济带动能力，带动其他地域发展。二是发挥比较优势，促使地区优势最大化。由于我国不同地域有不同的优势资源，因此在坚定实施区域发展战略的过程中，既要服务于国家谋划的区域协调发展全局，又要以各地资源优势为前提进行合理分工，发挥各自区域的优势，使其获得最大发展动能。对于经济发展条件较好的沿海地区，要充分发挥其地理位置和经济基础等优势，实现率先发展；对于重要生态功能区，如大兴安岭、黄土高原等地区，则应聚力提升生态产品的供给能力；对于粮食主产区，如长江中游平原及江淮、三江平原地区，则应优先考虑食品安全优势；对于国家边疆地区，则要在保证地区安全的同时，促进各方面发展能力的提升。三是完善空间治理，形成合理有序的空间发展格局。完善空间治理，主要是强化区域发展的功能定位和分工。2010 年国务院印发的《全国主体功能区规划》按开发方式将国土空间划分为优化开发区域、重点开发区域、限制开发区域和禁止开发区域四类主体功能区。主体功能区的划分是基于不同区域的资源环境承载能力、现有开发强度和未来发展潜力，以是否适宜或如何进行大规模高强度工业化城镇化开发为基础，进一步明确不同主体功能区的战略定位，形成合理有序的空间发展格局。四是保障民生底线，实现城乡社会资源共享。习近平总书记指出，要实现基本公共服务均等化，基础设施通达程度比较均衡。在坚定实施区域协调发展战略时，在完善户籍、土地等配套政策的同时，要加大政策的倾斜力度，提升公共服务保障能力，避免因公共服务不均等而造成不和谐因素叠加，使各地区人民基本生活保障水平大体相当，提高区域发展的稳定性。

六、坚定实施可持续发展战略

可持续发展是由联合国倡导并得到世界各国公认的发展战略之一。中国的可持续发展战略在立足于国际认同基础上，更多地强调共建人类命运共同体、构建人与自然和谐共处的美丽家园。中国实施可持续发展战略为全球可持续发展提供了中国智慧。

中国始终坚定不移地履行可持续发展的承诺，并积极落实应对气候变化《巴黎协定》，坚决打赢蓝天、碧水、净土三大保卫战，使中国经济发展为全球经济可持续发展提供重要支撑。在全球发展出现单边主义、逆全球化等问题时，中国旗帜鲜明地维护多边主义，继续加快推进经济全球化发展，坚定不移地履行可持续发展承诺，促进世界经济的可持续发展。观大势、谋大局，习近平总书记提出了坚持共商共建共享，合力打造开放多元的世界经济，坚持以人为本，努力建设普惠包容的幸福社会，坚持绿色发展，致力构建人与自然和谐共处的美丽家园的“三个坚持”的主张。这一主张与联合国提出的2030年可持续发展的“三大任务”——经济增长、社会发展、环境保护一脉相承，体现了推动全球可持续发展的中国智慧和中国担当。一方面，中国实行新发展理念。党的十九大报告提出我们要坚持“创新、协调、绿色、开放、共享”的新发展理念。创新是引领发展的第一动力，是助推经济增长的新引擎；协调是可持续发展的内在要求，着力解决发展中存在的不平衡问题；绿色是可持续发展的必要条件，也是关键所在，主要解决人与自然的和谐共生问题；开放是国家繁荣发展的必由之路，解决发展内外联动的问题；共享是中国特色社会主义的本质要求，是解决社会的公平正义问题、提升中国经济潜力与韧性的有力保障。另一方面，中国的发展是共享共赢的发展。我国推动共建“一带一路”建设，目的就是将自身的发展寓于全球发展之中，实现各国互利共赢的共同发展，为世界经济添加动力，提供解决全球性问题的中国方案。“一带一路”建设不是中国人自己演奏的一首“独奏曲”，而是世界各国共同协作的一首“交响乐”，是世界各国开放合作的倡议书。

推动可持续发展必须坚决打好三大攻坚战。所谓“攻坚”，就是啃硬骨头。推动可持续发展必须兼顾经济、社会、环境等平衡而充分发展的问题，打好“三大攻坚战”。第一，坚决打好防范化解重大风险攻坚战。随着全球范围单边主义抬头和贸易保护主义的情绪加剧，我国必须高度警惕“黑天鹅”事件，防范“灰犀牛”事件，强化风险意识，打好防范化解重大风险攻坚战。第二，坚决打好精准脱贫攻坚战。党的十八大以来，在以习近平同志为核心的党中央领导下，我国实施的精准脱贫取得重大成效。据国家统计局全国农村贫困监测调查，按现行国家农村贫困标准测算，2019 年末，全国农村贫困人口 551 万人，比 2018 年末减少 1109 万人，下降 66.8%；贫困发生率 0.6%，比 2018 年下降 1.1 个百分点。[①] 当前正处在全面建成小康社会的收官阶段，必须继续打好精准脱贫攻坚战，在 2020 年实现贫困人口全部脱贫。第三，坚决打好污染防治攻坚战。在发展强度与生态环境保护的天平中，我国通过“治”“关”“拆”“改”等措施向污染宣战，走出了一条具有中国特色的发展之路。在打好污染防治攻坚战，向着祖国美好明天出发的道路上，

① 方晓丹：《2019 年全国农村贫困人口减少 1109 万人》，载国家统计局网站 2020 年 1 月 23 日。

王春 / 摄

江苏省连云港市朝阳“牡丹 + 光伏”模式的光伏电站年发电量为 2420 万千瓦时，可实现发电收入 2200 万元。每年为国家节约标准煤 7744 吨，减排二氧化碳约 18890 吨，氮氧化物约 87 吨。

图为 2020 年 2 月 22 日该电站的航拍图（无人机照片）。

亿万中国人坚定地前进着。

推动可持续发展必须深入推进生态文明建设。改革开放以来，我们用40多年的时间走完了西方国家200多年的工业化历程，其中出现了很多环境问题。党的十八大以来，习近平总书记先后提出“坚持人与自然和谐共生”“绿水青山就是金山银山”等理念，积极推进生态文明建设，坚持绿色发展、循环发展、低碳发展。绿色发展就是不以破坏环境为代价，树立尊重自然、顺应自然、保护自然的生态文明理念的发展。党的十八大以来，我国在生态环境保护方面出台了众多举措，加大了生态环境保护力度，真正实现了绿色发展。循环发展主要是通过对资源的重复、循环利用，来达到提高资源利用效率，实现资源可持续利用的发展。“十三五”规划中提出了实施循环发展引领计划，通过针对不同行业对技术、经济、环境等方面的评估，使技术上可行、经济上合理、环境上无害，做到在不危害环境的前提下，既可以物尽其用，又可以把废物再利用。低碳发展是针对气候问题提出的发展模式。一方面，要节约使用能源，提高能源利用率，在使用能源的过程中，增强对全过程的污染控制，发展低碳经济、循环经济。另一方面，要开发清洁新能源，如水能、风能、太阳能等，加快推进能源体制改革，逐渐改善传统能源供应不足的问题。

中国坚持可持续发展为实现全球可持续发展作出中国贡献。中国持续履行可持续发展承诺，积极推行经济全球化进程，为世界经济可持续发展提供重要支撑。2015年9月，在联合国峰会上通过的《2030可持续发展议程》中，提出了要在2030年实现在全世界消除一切形式的贫困等17个可持续发展目标。为全面落实《2030可持续发展议程》，中国秉持新发展理念，推动建设“一带一路”，在秉承共商共建共享的原则上，深化构建全球伙伴关系，造福越来越多的国家和人民，并与《2030可持续发展议程》深入对接，为实现全球可持续发展作出中国贡献。

七、坚定实施军民融合发展战略

国家安全是全面小康的底线，军民融合是国家安全能力的保障。党的十八大以来，我国一直把国防和军队建设放在重要地位，并在2015年首次将军民融合发展上升至国家战略层面，为强军兴军开创新局面。党的十九大提出将军民融合发展战略作为全面建成小康社会必须坚定实施的七大战略之一，进一步明确了军民融合发展的重要地位。

我们党向来重视正确处理“军民”关系，凝聚“军民”力量，推动中国革命与建设。新时代要实现强军目标、增强国际竞争力，军民融合深度发展成为必然选择和重要举措。实施军民融合战略被纳入习近平新时代中国特色社会主义思想特别是习近平强军思想的科学体系，明确了军民融合在党的指导思想中的重要地位。习近平总书记提出的军队建设发展“五个更加注重”的战略指导中，其中之一就是“更加注重军民融合”。它内在的要求就是彻底扫除各类壁垒，打破军队封闭的发展模式，实现军队建设与经济发展体系的有机融合，掀起一场全方位的军事管理革命。自军队体制编制改革以来，人民军队由数量规模型转向质量效能型，由人力密集型转向科技密集型，越来越多的军民融合产品成为推动军队发展、实现新时代强军目标的重要力量，如电子沙盘推演系统、火箭军战术训练模拟系统、海军作战实验系统等。实践证明，军民融合战略已经成为占领高新科学技术制高点的重要战略举措之一。当前，随着

乔天富 / 摄

中国航天企业是强国强军的先锋，军民融合的典范。
图为在第十二届中国国际航空航天博览会上，中国航天在新时代取得的探月工程展览。

新一轮科技革命、军事革命的深入发展，世界主要发达国家纷纷调整国家战略，深入推进军工高技术发展，提升高科技军备制造能力。时代要求我们破解军民二元结构性矛盾，充分发挥各职能部门各区域领域军民融合的积极性和创造性，构建起多元主体联动的军地对接机制，夯实军民融合发展的技术基础，如太空、海洋、生物等新生领域技术军民共用性强，在设计、实施、使用等全过程都应贯彻军民融合理念，逐步开创出军民融合发展新格局。

开展军民融合深入发展，必须深刻理解新时代军民融合发展的丰富内涵。党的十八大以来，习近平总书记深刻把握国情军情的变化特点，把军民融合发展战略提升至国家战略，将其作为兴国之举、强军之策，对军民融合发展作了很多重要论述，系统回答了为什么融、融什么、怎么融等根本性、方向性问题。党的十九大又将其作为重大国家战略写入党章。在领导军民融合发展的伟大实践中，习近平总书记的重要讲话，构成了习近平新时代中国特色社会主义思想特别是习近平强军思想的重要内容。党的十九大报告将军民融合发展战略列为决胜全面建成小康社会的“七大战略”之一，明确了军民融合发展在强国战略体系中的重要战略地位。在人类社会进入信息化战争、军民技术逐渐通用化的形势下，能否构建起军民一体化的国家战略体系和能力，是军民融合发展面临的巨大挑战。党的十九大报告将“构建一体化的国家战略体系和能力”作为新时代军民融合发展的总目标。构建一体化的国家战略体系和能力，使国际安全和发展的战略体系得到重塑，使军民分割“二元结构”消除，推动国防建设和经济建设同步发展。党的十九大报告明确了新时代军民融合发展的新任务新要求，规划了今后一个时期的路线图，即“一个原则、四个强化、一个深化”。其中，“一个原则”指的是“坚持富国和强军相统一”，这是军民融合发展的总的原则；“四个强化”指的是“强化统一领导、顶层设计、改革创新和重大项目落实”，这是把方向、定筹划、深改革、抓落实的新要求；“一个深化”指的是“深化国防科技工业改革”，适应信息化战争形态的实际，建设世界一流的国防科技工业体系。

习近平总书记指出，今后一个时期军民融合发展，总的是要加快形成全要素、多领域、高效益的军民融合深度发展格局。一要强化大局意识。一方面，2017 年党中央成立中央军民融合发展委员会，实现了党对军民融合发展的集中统一领导；另一方面，在军民融合发展中，我们要树立军队地方“一盘棋”意识，站在党和国家事业发展的大局去思考问题，推动军民融合发展嵌入国家发展的大局当中。二要深化改革创新。科技发展影响着人们的生活方式，也影响着军事发展的走向。随着科学技术的快速发展，科学技术的高低和军队战斗力强弱的关系越来越紧密，国防经济和社会经济、军用技术和民用技术的融合越来越深。因此，在实施军民融合战略中，最主要的任务之一是加快推动改革创新，它既是指体制机制的创新，也是指科学技术的创新。通过着力解决军民融合发展中的体制机制障碍，形成军地协调发展的组织管理体系；通过推动科技创新和进步，推动军民融合发展对国防实力和国家竞争力的提升等。三要强化法治保障。截至目前，军民融合立法标准门类数量不详、底数不清的现象仍比较严重，尤其是在武器装备采购、国防科技工业等方面未见专门的法律法规条文。因此，必须善于运用法治思维和法治手段逐步推进军民融合发展，提高军民融合法治化水平，促进军民融合正规化、法治化发展。

第五讲 坚决打好防范化解重大风险攻坚战

“居安而念危，则终不危；操治而虑乱，则终不乱。”党的十九大以来，以习近平同志为核心的党中央始终把防范化解重大风险作为维护国家安全的重中之重，决胜全面建成小康社会的关键之策，巩固党的执政地位与领导地位的必然之举，实现人民美好生活向往的应有之义。坚决打好防范化解重大风险攻坚战，直接关系到 2020 年全面建成的小康社会是否能得到人民认可、经得起历史检验。

一、打好防范化解重大风险攻坚战的意义

全面建成小康社会是新时代党向人民、向历史作出的庄严承诺，防范化解重大风险是决胜全面建成小康社会的关键之策。当前，我国正处于向高收入国家迈进的关键阶段，习近平总书记强调，我们面临的重大风险，既包括国内的经济、政治、意识形态、社会风险以及来自自然界的风险，也包括国际经济、政治、军事风险等。如果应对不好，或者发生系统性风险、犯颠覆性错误，就会延误甚至中断全面建成小康社会进程。

防范化解重大风险是巩固党的执政地位与领导地位的必然之举。当今世界正面临百年未有之大变局，国际形势复杂多变，国内改革发展稳定面临的问题之复杂前所未有，我们面临的风险挑战之严峻前所未有。习近平总书记强调，打好防范化解重大风险攻坚战，要始终把防范化解国家政治安全特别是政权安全、制度安全放在第一位，着眼防范化解党自身面临的重大风险，巩固党的执政地位和领导地位。当前，我国正处在一个大有可为的历史机遇期，机遇前所未有，风险考验也前所未有。在各类风险中，必须高度重视政治风险。《中共中央关于加强党的政治建设的意见》明确指出，要增强政治敏锐性和政治鉴别力，对容易诱发政治问题特别是重大突发事件的敏感因素、苗头性倾向性问题，对意识形态领域各种错误思潮、模糊认识、不良现象，保持高度警惕，做到眼睛亮、见事早、行动快。要提高风险处置能力，及时阻断不同领域风险

侯　宇/摄

2019年3月5日，全国政协十三届二次会议新闻中心举行记者会，邀请五位全国政协委员谈打赢防范化解重大风险、精准脱贫、污染防治三大攻坚战。

图为记者会现场。

转换通道，防止非政治性风险演变为政治风险，牢牢把握风险防控工作的主动权。

防范化解重大风险是实现人民对美好生活的向往的应有之义。人民是历史的创造者和真正的英雄，只有深深扎根于人民群众的实践沃土，不断从人民群众中吸取营养和力量，我们党才能团结领导人民攻坚克难，不断创造奇迹和辉煌。习近平总书记反复强调，人民是决定党和国家前途命运的根本力量，必须坚持人民主体地位，坚持立党为公、执政为民，践行全心全意为人民服务的根本宗旨。当前，应对国内外各种风险挑战，必须坚持人民民主专政制度，充分发挥广大人民群众的主人翁作用，打赢一场防范化解重大风险的人民战争。具体来说，就是要坚持以人民为中心，充分发挥人民群众的创造力和主动性，动员全党全社会共同努力，汇聚起维护国家安全的强大力量，夯实国家安全的社会基础，防范化解各类风险，为党和政府研判、应对风险挑战提供智慧源泉。

打好防范化解重大风险攻坚战，是各级党委、政府和领导干部的政治职责。党员干部要增强“四个意识”、坚定“四个自信”、做到“两个维护”，不忘初心、牢记使命，切实把思想和行动统一到习近平总书记重要指示精神上来，团结带领广大人民群众坚定不移把党中央决策部署落到实处，坚持守土有责、守土尽责，把党的政治优势、组织优势、密切联系群众优势转化为防范化解重大风险工作的强大政治优势。要不断加强理论修养，努力提高风险化解能力，特别是学懂弄通做实习近平新时代中国特色社会主义思想，掌握贯穿其中的辩证唯物主义和历史唯物主义的世界观和方法论，善于从纷繁复杂的矛盾中把握规律、抓住要害、找准原因，不断积累经验、增长才干。要强化风险意识，科学预见形势发展走势和隐藏其中的风险挑战，做到未雨绸缪。要完善风险防控机制，建立健全风险研判机制、决策风险评估机制、风险防控协同机制、风险防控责任机制，主动加强协调配合，坚持一级抓一级、层层抓落实。

二、增强忧患意识和底线思维打好攻坚战

“备豫不虞，为国常道。”习近平总书记在省部级主要领导干部坚持底线思维着力防范化解重大风险专题研讨班开班式上的讲话中指出：“坚持底线思维，增强忧患意识，提高防控能力，着力防范化解重大风险，保持经济持续健康发展和社会大局稳定。”① 为我们打好防范化解重大风险攻坚战，指明了前进方向、提供了关键遵循。

居安思危、未雨绸缪，把形势想得更复杂一点，把挑战看得更严峻一些，做好应对最坏局面的准备，这是提高底线思维能力的入手处、着力点。守住底线，就是要坚持问题导向、底线思维，防患于未然，充分估计最坏情况的可能性，一旦心中有数，就要迎难而上，化危为机。习近平总书记指出，当前我国经济形势总体是好的，但经济发展面临的国际环境和国内条件都在发生深刻而复杂的变化，推进供给侧结构性改革过程中不可避免会遇到一些困难和挑战，经济运行稳中有变、变中有忧，我们既要保持战略定力，推动我国经济发展沿着正确方向前进，又要增强忧患意识，未雨绸缪、精准研判、妥善应对经济领域可能出现的重大风险。各地区各部门要平衡好稳增长和防风险的关系，把握好节奏和力度。要稳妥实施房地产市场平稳健康发展长效机制方案。要加强市

①《提高防控能力着力防范化解重大风险　保持经济持续健康发展社会大局稳定》，载《人民日报》2019 年 1 月 22 日。

场心理分析，做好政策出台对金融市场影响的评估，善于引导预期。要加强市场监测，加强监管协调，及时消除隐患。要切实解决中小微企业融资难融资贵问题，加大援企稳岗力度，落实好就业优先政策。要加大力度妥善处理“僵尸企业”处置中启动难、实施难和人员安置难等问题，加快推动市场出清，释放大量沉淀资源。各地区各部门要采取有效措施，做好稳就业、稳金融、稳外贸、稳外资、稳投资、稳预期工作，保持经济运行在合理区间。①

目前，防范化解重大风险攻坚战持续前行，取得了积极的成效，但我们不可掉以轻心，要继续坚持底线思维，增强忧患意识，提高防控风险能力，以更大的决心和勇气防范化解重大经济风险。防风险的关键就是要守底线，要坚持稳中求进的工作总基调，落实新发展理念，扎实办好自己的事，保持经济运行在合理区间。要做到“五个坚持”：一是坚持推动高质量发展，大力实施创新驱动发展战略，加快建设现代化经济体系。二是坚持供给侧结构性改革主线不动摇，按照“巩固、增强、提升、畅通”八字方针，厚植实体经济发展根基。三是坚持抓实“六稳”工作，强化稳就业、稳金融、稳外贸、稳外资、稳投资、稳预期，提振市场信心。四是坚持深化市场化改革，扩大高水平开放力度，制定出台实施一批既利当前、更利长远的提振信心的重大举措。五是坚持培育发展国内强大市场，努力满足最终需求，发挥投资补基础设施和公共服务短板的重要作用。②

---

①《提高防控能力着力防范化解重大风险　保持经济持续健康发展社会大局稳定》，载《人民日报》2019 年 1 月 22 日。

② 张占斌:《坚决打好防范化解经济重大风险攻坚战》，载《经济日报》2019 年 5 月 17 日。

陈华平／摄

2020 年 1 月 19 日，湖北省丹江口市利用返乡民工回家过春节的时机，举办了以“强技能、稳就业、固脱贫、促发展”为主题的“春风行动”大型招聘会。
图为一家月嫂公司向求职者演示婴儿怎样护理。

三、防范化解金融、债务、房地产市场以及社会领域的风险

打好防范化解重大风险攻坚战，必须时刻警惕、把牢底线，既要防范增长速度滑出底线，又要理性对待高速增长转向中高速增长的新常态；既要高度关注产能过剩、地方债务、影子银行、房地产市场等风险点，又要采取有效措施化解区域性和系统性金融风险。防范化解重大风险没有任何退路，必须迎难而上、攻坚克难，一鼓作气、乘势而上，真正把工作做深做细做实。

打好防范化解重大风险攻坚战，防范化解金融风险是重中之重。防范化解金融风险攻坚战，作为防范化解重大风险三大攻坚战之首，2019年已经取得了关键进展。有效防控银行业信用风险，加大不良贷款暴露和处置力度，全年处置不良贷款约 2 万亿元。稳妥处置化解企业债务风险，健全债权人委员会工作机制，全国共成立债委会约 1.92 万家，实施市场化债转股 1.4 万亿元，帮助企业降杠杆、减负债、提效益；继续拆解高风险影子银行，进一步规范同业、理财、表外和信托业务，清理压缩脱实向虚、结构复杂、交叉传染的金融资产。影子银行和交叉金融风险持续收敛，3 年来影子银行规模较历史峰值压降 16 万亿元；有效治理网络借贷风险，网络借贷风险大幅下降，2019 年末全国实际运营网贷机构 248 家，较年初下降 76%，机构数量、借贷余额及参与人数连续

18 个月下降；持续整治金融市场乱象，市场乱象存量问题持续性减少，增量问题得到有效遏制，一批重大非法集资案件受到了严厉查处。强化监管问责，全年处罚银行保险机构共计 2849 家次，处罚责任人员 3496 人次，罚没共计 14.5 亿元；坚决抑制房地产金融化泡沫化，严厉查处银行保险资金违规流入房地产领域，房地产贷款增速同比下降 3.3 个百分点。①

2020 年全国银行业保险业监督管理工作会议强调，要坚决打赢防范化解金融风险攻坚战。稳妥处置高风险机构，压实各方责任，全力做好协调、配合和政策指导。继续拆解影子银行，特别要大力压降高风险影子银行业务，防止死灰复燃。坚决落实“房住不炒”要求，严格执行授信集中度等监管规则，严防信贷资金违规流入房地产领域。对违规、违法搭建的金融集团，要在稳定大局的前提下，严肃查处违法违规行为，全力做好资产清理、追赃挽损、改革重组。深入推进网络借贷专项整治，加大互联网保险规范力度。继续努力配合地方政府深化国有企业改革重组，加快经济结构调整，化解隐性债务风险。有效防范化解外部冲击风险，做好银行保险机构压力测试，完善应对预案，稳定市场预期。

在持续防范化解金融风险方面，将继续打好防范化解金融风险攻坚战，控制重点领域的信用风险，稳妥化解影子银行风险，有序处置各类高风险金融机构风险，加强预期管理，防范金融市场异常波动和外部冲击风险，重点要针对突出金融风险点及时出台指导意见、业务指引，补充金融市场配套政策措施。同时，做到风险事前、事中和事后的全面防范，防止风险蔓延，推动金融系统良性运转。2020 年要坚决打赢防范化解金融风险攻坚战，大力做好“六稳”相关工作，推动提升金融服务实

① 温源:《银保监会：进一步提升金融服务实体经济的质效》，载《光明日报》2020 年 1 月 14 日。

宋吉河／摄

2019年12月25日，北京基金小镇“检察服务e站”在北京市房山区长沟镇正式揭牌启动。中国首家基金业“检察服务e站”的设立，是该区人民检察院发挥检察职能，预防、化解、处置金融风险的一项措施。

体经济质效，必须全面深化金融供给侧结构性改革，提升对外开放水平。

在防范化解债务风险方面，2019 年 12 月 31 日，中国地方政府债券信息公开平台正式上线试运行。该平台通过定期公开地方政府债务限额、余额以及经济财政状况、债务发行、存续期管理等信息，促进形成市场化融资自律机制。财政部政府债务研究和评估中心相关负责人表示，中国地方政府债券信息公开平台的建设，有利于规范地方政府债务管理、防范化解债务风险，进一步提高政府治理能力，促进经济社会持续健康发展。全国财政工作会议强调，2020 年要强化监督问责，从严整治举债乱象，有效遏制隐性债务增量，防范化解地方政府隐性债务风险。

在各方较为关注的房地产调控方面，严查各方资金违规进入房地产市场是监管的焦点。2019 年银保监会坚决抑制房地产金融化泡沫化。严厉查处银行保险资金违规流入房地产领域，房地产贷款增速同比下降 3.3 个百分点。据不完全统计，2019 年全年有多家银行及其相关责任人由于贷款资金违规流入房市被处罚，包括国有银行、股份制银行、城农商行、农村信用合作联社等，合计罚没金额超亿元。2020 年银保监会坚决落实“房住不炒”要求，严格执行授信集中度等监管规则，严防信贷资金违规流入房地产市场，持续遏制房地产金融化泡沫化。构建房地产市场平稳健康发展长效机制是党中央、国务院根据实际情况作出的重大决策，关乎广大人民群众的切身利益，既是重大的经济问题，也是重大的民生问题。要坚持一城一策、因城施策，各地从实际情况出发，有什么问题就解决什么问题，稳妥实施房地产市场平稳健康发展长效机制方案试点，并做好实施过程中的评估和跟踪。要紧紧围绕稳地价、稳房价、稳预期的调控目标，夯实城市主体责任，落实好省级政府监控和指导责任，坚决防范化解房地产市场风险。要建立科学的监控体系，确保数据及时、准确、全覆盖，加快建设以大数据为基础的全国房地产市场监测系统，为分析研判房地产市场形势和开展有效调控提供技术支撑。

在防范化解社会领域风险方面，科技是重要抓手。当前中国处于社会转型期，社会冲突、矛盾多发，科技正成为防范化解风险的重要“先手”与“高招”之一。首先，利用互联网大数据技术发现社会矛盾和问题，实现预警。大数据时代，互联网所有信息皆为数据。舆论动向、群体行为、社会态度、公众情绪、社会认知等，都能借助大数据得到更准确、可视化的测量和呈现。比如，滴滴、美团、携程等电商平台的大数据，一定程度上反映了当下经济运行状况与用户活动轨迹、行为方式及消费能力等。比如，微信、微博、网络帖文等网民互动、内容数据，反映出社会对各领域话题的价值判断、公众情绪、社会认知与心态变化。通过这些互联网大数据的挖掘与整合，可实现社会风险早发现、早介入、早预防。其次，通过网上信访、网络问政、网上政策咨询等践行“网上群众路线”，应对与化解潜在的不稳定因素。例如，海南省三亚市天涯区成立的联合指挥中心，连接了三亚市公安视频图像信息应用平台，可以实时监管、查看路面街区情况，并集成了12345热线平台、网络舆情平台、88880110热线平台、视频监控指挥平台，实时监测网络问题，并在第一时间分转至相关部门办理，督促相关部门推进问题解决，有效提升了社会治理的精准性与高效性。最后，利用新技术健全公共安全体系，提升社会治安水平。大数据、云计算、物联网、人工智能作为推动社会治安防控工作创新发展的强大引擎，可以有效提高社会治理智能化水平。例如，全国多地的网格员管理，运用人脸识别、指纹识别技术，加上身份证人口集中库，可随时进行比对，提高社会治安水平。又如，上海市在3400多个小区里安装了70余万套/件智能安防系统，在当事人报警求助之前，通过大数据分析和人工智能研判，即时向小区保安、社区干部或公安民警手机推送各类风险隐患预警信息。

四、加强战略预判和风险预警标本兼治

“明者防祸于未萌，智者图患于将来。”预判风险所在是防范风险的前提，把握风险走向是谋求战略主动的关键。战略评估与中长期趋势预判作为战略预警的重要支撑手段和战略研究的重要组成部分，在国家战略规划和决策过程中发挥关键作用，攸关国家兴衰成败，可谓大国的“标配”。要加强战略预判和风险预警，见微知著、未雨绸缪，力争把风险化解在源头上，防止各种风险传导、叠加、演变、升级。

当前，世界正面临百年未有之大变局，中国比历史上任何时候都更接近实现中华民族伟大复兴的目标。我国正处在一个大有可为的历史机遇期，发展的形势总体是好的，大局是稳定的。经过40多年的改革开放，我们进入了发展关键期、改革攻坚期、矛盾凸显期，在经济稳中向好、社会总体稳定的同时，各种风险挑战也不断凸显。其中，既有显性风险又有隐性风险，既有来自内部的风险也有来自外部的风险，既有一般风险又有重大风险，而且，这些风险挑战往往呈现出交织性、复杂性、综合性等特点。例如，从经济领域来看，我国虽已稳居世界第二大经济体，但发展质量和效益还不够高，创新能力还不够强。我国经济发展面临的国际环境和国内条件都在发生着深刻而复杂的变化，推进供给侧结构性改革过程中不可避免地会遇到一些困难和挑战，必须精准研判、妥善应对经济领域可能出现的重大风险。又如，从社会领域来说，虽然人

民群众的生活水平普遍提高了，但教育、就业、社会保障、医疗、住房、生态环境等关系群众切身利益的问题依然比较多，部分群众生活比较困难。统筹协调好各种利益关系，下大气力解决好人民群众切身利益问题，不仅关系社会稳定和谐，更关系党执政的社会基础。因此，在前进道路上，只有对来自政治、意识形态、经济、科技、社会、党的建设等领域的重大风险有清醒的认识，才能下好先手棋，切实掌握工作主动权。①

在前进道路上，我们还要深刻认识来自外部环境的各种风险挑战。环顾世界，国际金融危机深层次影响持续显现，形形色色的保护主义明显抬头，地区热点此起彼伏，霸权主义、强权政治仍然盛行，传统安全威胁和非传统安全威胁相互交织。在经济、军事、科技等方面，西方发达国家依然占据优势，它们通过制定和推行符合自身利益的规则体系来获取巨大利益。国际形势波谲云诡，周边环境复杂敏感，我们对于来自外部环境的风险挑战必须保持高度警惕。在此情形下，早发现、早预警、早处置，把风险消灭在早期阶段是防范化解重大风险的关键。②面对国际战略格局的深刻调整，大国博弈复杂激烈，面对中华民族伟大复兴的光明前景，重大战略机遇与挑战同生共存，新时代的国家安全需要更高水准的国家战略来护航，也就更需要与时代相适应、与国力和国际地位相匹配、与主要大国并驾齐驱的战略研判体系和谋划能力。我们坚持稳中求进的工作总基调，进一步防范化解重大安全风险，就要加强对各种风险的评估研判，完善国家安全风险预警监测体系，提高动态监测、实时预警能力，推进风险防控工作科学化、精细化，对各种可能的风险及其原因都要心中有数、对症下药、综合施策，出手及时有力，力争把风险化解在源头，不让小风险演化为大风险，个别风险演化为综合风险，局部风险演化为区域性或系统性风险，经济风险演化为社会政治风险，

① 阮青：《把防范化解重大风险作为重大课题》，载《人民日报》2019 年 2 月 20 日。

② 同上。

王路宪 / 摄

2019 年 11 月 13 日，中国 · 南京智慧公共安全成果展在南京国际博览中心举行。本次展会围绕大数据、云计算、物联网、人工智能等技术方向，集中展示智慧公共安全领域的先进技术成果。图为消防灭火机器人。

国际风险演化为国内风险。特别要注意的是，各种风险往往不是孤立出现的，很可能是相互交织并形成了一个风险综合体，要加强危机应对，做到危机预警、应急指挥、现场处置、恢复重建、事后评估无缝对接，积极引导舆论，严密防范“次生风险”。[①]

当前，我国已进入全面建成小康社会决胜阶段，面向未来，要强化战略预判和前瞻布局，抢占发展的最前沿和制高点。未来 30 年，是中华民族伟大复兴的关键 30 年，按照党的十九大报告的战略规划，从 2035 年到 21 世纪中叶，我国将在基本实现现代化的基础上，再奋斗 15 年，把我国建成富强民主文明和谐美丽的社会主义现代化强国。未来 30 年需要把握大势，前瞻风险，加强战略预判和风险预警，以求拨云见日、未雨绸缪。防范化解风险，还必须坚持标本兼治，要透过现象看本质，善于抓住源头、抓住要害，实行综合治理，从根本上解决风险背后的深层次问题。要克服头痛医头、脚痛医脚的不良倾向，防止解决问题不彻底、留下后患，导致反弹反复。面对严峻复杂的风险挑战，我们还要深入研究风险发展规律，把防范化解重大风险作为重要政治职责，强化风险意识，讲究斗争策略，牢牢掌握防范化解风险的战略主动权。

---

① 陈文清:《牢固树立总体国家安全观在新时代国家安全工作中的指导地位》，载《求是》2019 年第 8 期。

五、切实提高风险化解能力

习近平总书记明确指出，要提高风险化解能力，透过复杂现象把握本质，抓住要害、找准原因，果断决策，善于引导群众、组织群众，善于整合各方力量、科学排兵布阵，有效予以处理。提高防范化解重大风险的能力素质，就是善于透过复杂现象掌握本质，把握时效度，抓住要害、找准原因，果断决策、一击即中，就是要增强群众工作能力，打好“组合拳”，有效掌控局势。

切实提高风险化解能力，必须真学、真懂、真信、真用习近平新时代中国特色社会主义思想。只有联系实际，在充分认识和全面把握当前政治、意识形态、经济、科技、社会、外部环境、党的建设等领域存在的各种重大风险的基础上，认真学习，才能学到真谛和精髓。只有深入思考，准确认识当前和今后一个时期面临的各种风险的表现形势、突出特点，才能找到学懂弄通的窍门和关键，否则就是隔靴搔痒、不得要领。只有立足本职，从制定应对各种风险的措施、找准工作着力点的基点出发，认真学习习近平新时代中国特色社会主义思想，才能在理论的指导下做好具体工作，才能把理论转化为实际工作成效，否则就是学用两张皮、理论与实践脱节。当前和今后一个时期，真学真懂真信真用习近平新时代中国特色社会主义思想，就是要坚持总体国家安全观，统筹发展和安全两大课题，不断提高政治站位、努力强化政治意识、始终坚持国家利益至上，强化人民安全宗旨意识，将要求变为措施、将蓝图变为现实。

切实提高风险化解能力，要增强忧患意识，以战略定力狠抓落实。一万句表态也抵不上一条实在管用的措施。我们要不断增强化解风险的能力，就是要切实提高战略思维，常观大势、常思大局，科学预见形势发展走势和隐藏其中的风险挑战，做到准确把握国内国际两个大局，不因一时一事的纷扰而乱了心绪；就是要切实增强历史思维，以史为师、以史为鉴，准确把握人类历史发展规律，善于从历史长河中汲取治国理政的营养；就是要切实提高辩证思维能力，善于从纷繁复杂的矛盾中把握规律，善于透过现象把握本质，防止犯战略性、颠覆性错误，要在机遇中明察风险、在挑战中发现机遇，在顺境中常思困难，在逆境中不改信念，具备“山重水复疑无路，柳暗花明又一村”的思维习惯；就是要切实提高创新思维，办法总比困难多，面对种种挑战和困难，用发展的办法解决困难、用创新的理念指导现实工作；就是要切实提高法治思维，应对和化解风险不是乱作为、胡作为，要依法行政、依法作为，每一条举措和每一项成绩都要经得起党纪国法的检验；就是要切实提高底线思维能力，以问题为导向，守土有责、守土尽责，强化风险意识，做到洞察先机、未雨绸缪。

切实提高风险化解能力，就要永葆斗争精神，加强斗争历练，增强斗争本领。软肩膀挑不起硬担子，党的历史经验告诉我们，只有永葆斗争精神，以“踏平坎坷成大道，斗罢艰险又出发”的顽强意志，才能应对好每一场重大风险挑战。在新时代，我们不断推进党领导的伟大社会革命和伟大自我革命，其深刻性和艰巨性也决定了革命从来都不是在和煦春风、诗情画意中进行的，必然在不断化解风险，不断克服挑战的艰难奋斗中实现。更不用说，我们推进“两个伟大革命”本身，就是积极应对和化解风险挑战的战略举措。因此，要培养和强化新时代党员干部顽强无畏的斗争精神，勇于担当、敢于斗争，既要在斗争中磨砺意志、增长才干，力求在重大风险面前以铁的肩膀顶得住、扛得住，又要在解决困难、化解风险的过程中积累经验、增长本领。当前，领导干部要全面提高各方面能力，善于处理各种复杂矛盾，掌握工作主动权；要深入实践，经风雨、见世面，长才干、壮筋骨，特别是年轻干部，要到重大斗争中去真刀真枪干，只有在学中干、干中学，才能练就一身驾驭和应对风险的真本领。①

"凡事豫则立，不豫则废。"按照习近平总书记提出的要求，将防范风险的先手与应对和化解风险挑战的高招结合起来，将打好防范和抵御风险的有准备之战与打好化险为夷、转危为机的战略主动战结合起来，我们就一定能不断提高化解风险能力，从容应对各种挑战，保持经济持续健康发展和社会大局稳定，推动中国航船向着中华民族伟大复兴的目标破浪前行。

① 王灵桂:《把防范化解重大风险工作做实做细做好》，载《光明日报》2019年4月4日。

六、完善风险防控体制机制层层落实

“图之于未萌，虑之于未有。”习近平总书记明确提出，要完善风险防控机制，建立健全风险研判机制、决策风险评估机制、风险防控协同机制、风险防控责任机制，主动加强协调配合，坚持一级抓一级、层层抓落实。做好防范化解重大风险工作，要建立健全科学有效的风险防控机制，把增强风险防控能力和系统准备的工作做实做细做好。

建立健全风险研判机制，要定期对分管地区、分管领域的风险因素和苗头进行全面排查、深入研判，充分发挥专业机构、专业人才等相关评估力量的作用，科学研判风险等级，为化解风险作科学准备，有针对性地制定应对策略，打好有准备之仗；建立健全决策风险评估机制，把防范风险放在重要位置，作任何决策都要慎之又慎，把风险评估作为必经程序，消除一切隐患；建立健全风险防控协同机制，要动员全党、全国人民、全社会力量参与风险防范化解，加强各地区、各部门风险信息及时互通共享，主动加强协调配合，形成合力；建立健全风险防控责任机制，坚持一级抓一级、层层抓落实，坚决防止和克服层层推责。完善风险防控机制，要着力提升防范化解效能、保障防范化解效果。主动加强协调配合，明确任务、精准发力、综合应对，避免风险多发。在实际工作中，要特别防止形式主义，不能应付打发、随便糊弄。此外，还要着力加强科学、灵敏、高效应对风险的预警、预案等体系建设，着重提高预警的灵敏性和准确性，增强预案的针对性和完备性，全面做好防范化解重大风险的基础性系统准备，构筑全面周密、运行顺畅、完善可靠、安全适用的风险防控体系，真正做到筑牢堤坝、严阵以待、有备无患。

打好防范化解重大风险攻坚战，要坚决贯彻总体国家安全观，健全维护国家经济安全的体制机制，强化重大风险监测研判预警，守住不发生系统性风险的底线。坚持结构性去杠杆基本思路，把握好节奏和力度，推动市场化债转股签约项目尽快落地，加强国有企业资产负债约束，建立企业债务风险监测、预警体系。加强对股市、债市、汇市资金流动和风险的监管与处置，防范金融市场异常波动和共振，完善资本市场基本制度，加强互联网金融等领域监管，有序化解影子银行风险。弥补监管制度短板，尽快出台金融控股公司监管办法。妥善处理地方政府债务风险，坚决遏制地方政府隐性债务增量、有序推进存量化解，支持融资平台公司市场化转型。坚持“房子是用来住的、不是用来炒的”的定位，稳妥实施房地产市场平稳健康发展长效机制，落实城市主体责任制，稳地价、稳房价、稳预期，坚决防范化解房地产市场风险。坚持租购并举，完善住房市场体系和住房保障体系，努力解决城镇中低收入居民和新市民住房问题。改革住房公积金制度。在人口净流入的大中城市加快发展住房租赁市场特别是长期租赁市场。①

做到未雨绸缪，看在前、防在前，是风险治理规律的一般要求。其实质是，在风险积聚、爆发之前，就要及时发现并防范到位，确保把风险消灭在萌芽状态，化风险于无形。在风险治理实践中，必须努力争取主动、避免被动，特别是通过未雨绸缪来确保牢牢掌握风险防控的主动权，赢得风险治理的取胜优势和必胜信心。通过完善风险防控机制，对风险产生、发展的全过程进行实时监控，对风险的发生诱因与事前防范、

①《关于2018年国民经济和社会发展计划执行情况与2019年国民经济和社会发展计划草案的报告》，载《光明日报》2019年3月18日。

张斌 / 摄

2019 年中央经济工作会议明确，2020 年要抓好六大重点工作。会议提出，要坚持“房子是用来住的、不是用来炒的”的定位，全面落实因城施策，稳地价、稳房价、稳预期的长效管理调控机制，促进房地产市场平稳健康发展。
图为 2019 年 12 月 10 日，福建龙岩市正在开发建设的房地产楼盘。

风险的事中演进与有效控制、风险的化解与事后治理等进行全方位管理，不断推进风险防控工作精细化、科学化，确保风险防控“耳聪目明”，对各种可能的风险及其原因做到心中有数、对症下药、综合施策，我们就能力争不出现重大风险或在出现重大风险时扛得住、过得去。[①]具体而言，主要包括以下三方面内容：一是对风险要早判先知，做到心中有数。在实践中，集中体现为优良的风险预见力，主要是善于从复杂的情形中敏锐觉察并捕捉到风险的苗头，及时发现风险的蛛丝马迹，在风险的初始状态及早发现它，精准察知把握风险的特点性状、动态走势，迅速锁定风险，这是有效防范化解风险的大前提。二是对风险要先防早治，做到预防为主。在实践中，集中体现为优良的风险预防力，主要是做到积极主动、关口前移、抓早抓小、预先应对、防微杜渐。三是对风险要始终保持警觉，决不给风险任何变大的机会与空间。习近平总书记在党的十八届五中全会第二次全体会议上的讲话中曾明确强调：“如果发生重大风险又扛不住，国家安全就可能面临重大威胁，全面建成小康社会进程就可能被迫中断。”对风险必须增强忧患意识，绷紧感知风险的神经，强化防风险的行动，决不能麻痹大意、疏于防范。行百里者半九十，越接近成功越不可小视困难。过往成绩固然增强了攻坚制胜的信心，在迎面而来的征途上仍需一鼓作气、乘势而上，保持攻坚态势、强化攻坚责任，坚决打好三大攻坚战，夺取全面建成小康社会的伟大胜利。

① 人民日报评论员：《扛起政治责任，永葆斗争精神——四论学习贯彻习近平总书记在省部级专题研讨班上重要讲话》，载《人民日报》2019 年 1 月 25 日。

第六讲

坚决打好精准脱贫攻坚战

打好脱贫攻坚战是决胜全面建成小康社会的底线目标和标志性指标，是中国特色社会主义的本质要求，是中国共产党对人民作出的庄严承诺。党的十八大以来，习近平总书记反复强调脱贫攻坚并作出重要指示。党的十九大把扶贫工作提到新的战略高度，并对脱贫攻坚提出了新思想、新目标和新要求。在 2020 年新年贺词中，习近平主席再次吹响“坚决打赢脱贫攻坚战，如期实现现行标准下农村贫困人口全部脱贫、贫困县全面摘帽”的冲锋号。只有脱贫攻坚目标如期实现，才能凸显全面小康社会成色，让人民群众满意、国际社会认可。

一、消除贫困是我们党的重要使命

中国共产党人的初心和使命就是为中国人民谋幸福，为中华民族谋复兴。正如2015年11月27日，习近平总书记在中央扶贫开发工作会议上的讲话中明确指出的："消除贫困、改善民生、逐步实现共同富裕，是社会主义的本质要求"。让人民群众过上幸福美满的生活，是我们一切工作的出发点和落脚点。

1921年中国共产党成立时，中国四分五裂，深受帝国主义、封建主义和官僚资本主义的侵略和压迫，人民生活在水深火热之中。经过28年艰苦卓绝的奋斗，党带领人民推翻了三座大山，成立了中华人民共和国，中国人民从此站起来了。中华人民共和国成立之初，我国面临的现实情况是一穷二白、积贫积弱、民生凋敝，绝大多数人处于绝对贫困状态，人均国民收入仅为27美元，当时亚洲人均国民收入为44美元，我国是当时世界公认的最贫穷的国家之一。当时的美国国务卿艾奇逊在给杜鲁门的信件中，认为人口太多、吃饭成为不堪的负担导致中国发生革命，断言"一直到现在没有一个政府使这个问题得到了解决"，并预言中华人民共和国也必然因此失败。资本家之间也流传着"共产党军事上100分，政治上80分，经济上0分"的说法。但我们党充满了必胜的信心，也保持了清醒的头脑，交出了一份合格的答卷。我们党带领人民确立和巩固了社会主义基本制度，建立起独立的比较完整的工业体系和国民经济体系，农村经济恢复，农民生产生活条件有了明显改善，彻底改变了旧中国一穷二白的落后面貌。从1953年到1976年，我国国内生产总值年均增长5.9%。粮食产量大幅提高，从1949年到1976年，我国新增人口近4亿，而同期人均粮食占有量从418斤提高到615斤，初步满足了占世界1/4人口的基本生活需要。这一时期的发展为我国有效消除贫困、持续改善民生奠定了必要的物质基础和制度基础。正如邓小平所强调的："三十年间取得了旧中国几百年、几千年所没有取得过的进步"。[①] 但是我们党在领导社会主义建设方面显然不够成熟，对国内国际形势的估计出现偏差，发生了"大跃进"、人民公社化运动这样的挫折，到1976年"文化大革命"结束时，国民经济几乎到了崩溃的边缘，农村的发展依然很落后，农民的生活也很贫困。

1978年，党的十一届三中全会胜利召开，改革开放成了新时期最鲜明的特点，我国迅速推动了增加农民收入的脱贫工作。其一，家庭联产承包责任制是我国农民的伟大创举，正是这一创举解决了几亿农民的吃饭问题。20世纪70年代末的安徽省凤阳县小岗村是有名的讨饭村，20户人家112人，生产靠贷款，吃粮靠返销。为了改变饿肚子的状况，安徽省小岗村18户村民，发扬了敢想敢干敢为天下先的精神，首先在土地承包责任书上按下了鲜红的手印，从此过上了"手中有粮，心中不慌"的好日子。为了使这一制度能够推广，从1982年开始，连续三年的中央"一号文件"把农业"大包干"上升为农村基本经营制度，使我国农业发展越过了长期短缺状态，解决了农民温饱问题。其二，乡镇企业异军突起，把农村剩余劳动力从土地上转移出来，使农村经济的发展更具活力。据统计，到1984年底，全国乡镇企业总数超过600万家，比1978年增长2.98倍，吸纳就业人数5000多万，1987年全国乡镇企业总产值第一次超过农业。乡镇企业的快速发展推动了农村发展和农民致富，而且为

①《邓小平文选》第二卷，人民出版社1994年版，第167页。

王家国 / 摄

安徽省凤阳县小岗村大包干纪念馆内的“红手印”雕塑。

农村逐步走向现代化开辟了一条新的路径。“中国第一村”江苏省华西村就是在这样的历史大背景下产生的：曾经欠债累累的贫困村顺应改革开放的潮流，大力发展村办企业，率先建设成为欣欣向荣的现代化新农村，成为全国农村走共同富裕道路的典型。1986年，我国扶贫工作进入大规模开发式扶贫阶段，国务院贫困地区统筹开发领导小组第一次全体会议召开，提出争取在“七五”期间解决大多数贫困地区人民的温饱问题，而且使贫困地区依靠自身力量初步形成发展商品经济的能力，逐步摆脱贫困，走向富裕。到2010年，我国的扶贫工作已经效果初显，全国农村贫困人口基本上能够吃饱穿暖，实现了贫困地区广大农民群众千百年来达到温饱的朴素愿望。

党的十八大以来，习近平总书记高度重视扶贫开发工作，多次强调，人民对美好生活的向往，就是我们的奋斗目标。并立下军令状，要求在2020年使全国全部贫困人口脱贫，这是我们党对人民作出的庄严承诺。习近平总书记关心贫困地区的发展、关切贫困百姓的生活、关注扶贫工作的推进，足迹遍布全国各地，访遍了全国14个集中连片特困地区。正是因为我们党对脱贫工作的高度重视，各个贫困区的面貌都发生了深刻的变化，四川省凉山州是全国脱贫攻坚主战场之一，贫困人口众多且贫困程度深，是全国贫困程度最高的地区之一。现在凉山州的发展已经蒸蒸日上，凉山州乡镇和村道路通畅率达99%以上，15年免费教育（含3年幼教）已全面实施，为帮助彝族孩子学前学会普通话，绝大多数村办起了幼教点，全州65.9万贫困人口告别千百年来祖祖辈辈所处的生存状态，过上了新的生活，贫困人口从2013年底的88.1万降至2018年底的31.7万，贫困发生率从19.8%降至7.1%。[①]

回顾中国共产党成立近百年来的历史，我们党始终牢记全心全意为

---

① 彭清华:《凉山脱贫攻坚调查》，载《求是》2019年第16期。

人民服务的根本宗旨，率领全国各族人民摆脱贫困，奔向小康，书写了脱贫的世界奇迹。特别是改革开放40多年来，8亿多人口实现脱贫，全球范围内脱贫的每100人中有70多人是中国人。尤其是党的十八大以来，贫困人口由9899万人减少到600多万人，连续7年每年减贫规模都在1000万人以上，相当于欧洲一个中等国家的人口规模。谁都不能否认，脱贫攻坚力度之大、规模之广、成效之显著，前所未有、世所罕见；谁都不能否认，每一项脱贫成绩的取得都离不开中国共产党的坚强领导，尤其离不开以习近平同志为核心的党中央的深切关怀，也离不开亿万人民团结一心、众志成城，共圆中国梦的决心。

二、健全精准扶贫工作机制

所谓贫有百样，困有千种，打赢精准脱贫攻坚战，贵在精准，重在精准，成败之举在于精准。做到精准，要进行扶贫工作机制的创新，针对不同贫困区域环境、不同贫困农户状况，运用科学有效程序对扶贫对象实施精确识别、精确帮扶、精确管理的治贫方式，真正确定扶贫对象、扶贫主体以及扶贫的方式和退出的准则等。

“扶持谁”就是要瞄准扶贫对象。扶贫的第一步是先识贫和摸清底数，这个底数包括贫困人口的数量和分布、贫困程度的深浅和致贫的详细原因。这是精准扶贫的重要前提，也是打好精准扶贫的“第一战”。正如习近平总书记所强调的，精准扶贫，首先要精准识贫。识贫要下功夫，有的地区做法很好，派大量干部下去，一家一家摸底，然后公示，让村民来议贫，还要了解外面买没买房子、有没有务工、实际生活条件怎么样，经过一系列环节后才认定贫困户，认定以后群众也认同。识贫要弄准，否则扶的对象不对，从头就错了，第一颗扣子就扣错了。多年来，我国贫困人口总数是国家统计局通过抽样调查推算各省市贫困人口总量，各类帮扶措施无法做到到村、到户、到人。2014 年，全国统一的扶贫开发信息系统建立后，在全国范围内开展了贫困识别，这一次的识别改变了以往粗略估计的方式而是逐村逐户开展，提高了识别准确率，识别出 12.8 万个贫困村、2948 万贫困户，8962 万贫困人口建档立卡，基本摸清了我国贫困人口数量、分布情况、致贫原因、脱贫需求等信息。但贫困户是一个动态发展的过程，必须做好动态监测管理，及时更新数据，应该退出的及时摘帽销号，返贫的重新纳入帮扶名单，做到有进有出、分级管理，既不漏掉真正的贫困人口，也不把非贫困人口纳为扶贫对象。例如，习近平总书记曾经提到的贵州省威宁彝族回族苗族自治县迤那镇在实践中总结出了“四看法”：一看房，通过农户的居住条件以及生活环境，估算贫困程度；二看粮，就是通过看农户的土地情况和生产条件，估算其农业收入和食品支出；三看劳动力强不强，就是通过看农户的劳动力状况和有无病残人口，估算其务工收入和医疗支出；四看家中有没有读书郎，就是通过看农户受教育程度和在校生现状等，估算其发展潜力和教育支出。建档立卡与动态监测管理做到了精准识别，为中央制定精准扶贫政策措施，实行最严格考核评估制度提供了重要的依据。

“谁来扶”就是要发挥合力。脱贫攻坚任务能否保质保量地如期完成，关键在人。党员干部和群众是脱贫攻坚的重要力量，更是脱贫致富的主体。为解决好“谁来扶”的问题，各级党委积极作为，向贫困地区选派干部，向贫困村选派第一书记和驻村工作队，把作风清正廉洁、业务素质过硬、群众基础良好的党员干部选派到扶贫工作的一线工作队伍中去。深度贫困地区尤其是坚中之坚，打这样的仗，就要派最能打的人，确保人尽其用，并给予扶贫干部更多关心、关爱和关注，使他们的工作更有认同感、成就感和幸福感。近年来，全国选派了 300 多万名干部驻村帮扶，包括县级以上机关和国有企事业单位的干部。他们深入贫困群众中了解情况，一线扶贫力量明显加强，打通了精准扶贫“最后一公里”。要解决好人才问题，仅仅靠选派干部形成一线扶贫工作队伍是远远不够的，必须培养农村致富带头人，打造一支稳定的扶贫工作队。比如，加大力度，破解农村人才资源流失和自然资源闲置浪费的难题，从贫困村现有的村两委成员、外出打工的成功人士、返乡创业大学生、复员转业军人中选拔培养更多的致富带头人，把他们培养成为带领群众脱贫致富的骨干力量，并通过创业干事、增收致富发挥辐射、示范和带动作用，吸引更多乡村本土人才回到家乡奉献力量。“太行山上的新愚公”李保国35年如一日扎根太行山，倾尽一生帮助10万多名贫困群众走上致富之路；贵州大山里的老支书黄大发立下了“水过不去、拿命来铺”的铮铮誓言，以血肉之躯劈山修渠，以实干苦干带领乡亲力拔穷根。全国各个脱贫攻坚战场的党员干部与百姓群众同心同德，坚信幸福是奋斗出来的，涌现出了一批又一批的平民英雄，汇聚起百川成海的伟大力量。

“怎么扶”就是根据致贫原因和发展需求分类施策。贫困居民识别出来之后，需要搞清楚导致贫困的原因。坚持因人因地施策，因贫困原因施策，因贫困类型施策，是精准扶贫的关键。要按照贫困地区和贫困人口的具体情况，找到贫根，对症下药、靶向治疗，实施精准扶贫方略。习近平总书记指出，要开对了“药方子”，才能拔掉“穷根子”，按照贫困地区和贫困人口的具体情况，实施“五个一批”工程。一是发展生产脱贫一批。产业扶贫是稳定脱贫的根本之策，推进扶贫开发从“输血”到“造血”。有的贫困人口具备劳动能力和耕地等资源，但缺少资金、产业和专业技能，把脱贫攻坚重点放在改善生产生活条件上，要立足当地资源，因地制宜，扶持发展特色产业，就地发展脱贫。要支持贫困地区农民在本地或外地务工、创业，短期内提高收入。二是易地搬迁脱贫一批。有的地方自然条件恶劣、自然灾害频发，通水、通路、通电技术难度大且成本高，很难实现就地脱贫，在征求群众意愿的前提下可以实施易地搬迁。政府要根据当地的自然条件和地理位置做规划，科学确定安置点，尽量搬迁到县城和交通便利的乡镇级中心村，实现搬迁人口就近就地转移，同时发展配套产业，为搬迁人口创造在家门口就业的机会，保障他们有稳定收入。搬迁群众同当地群众享受同等的基本公共

翟羽佳／摄

2017 年 4 月 11 日，根据李保国先进事迹改编的当代英模史诗电影《李保国》，在李保国生前工作单位——河北农业大学正式开机。
图为李保国的妻子在开机仪式上发言。

服务，确保搬得出、留得下、能致富。三是生态补偿脱贫一批。有的地方生存条件差，却是重点生态功能区或自然保护区，可以结合生态环境保护和治理，通过建立生态补偿机制，加大贫困地区生态保护修复力度，增加重点生态功能区转移支付，扩大政策实施范围，帮助贫困地区和贫困人口脱贫。四是发展教育脱贫一批。“扶贫必先扶智，治穷必先治愚”，很多贫困地区底层缺少上升通道，一代穷世代穷，要想从根本上切断贫困代际传递必须依靠教育。教育事业是管长远的，不仅能够让脱贫人口“站起来”，而且能够让他们“走得远”。要加大教育扶贫力度，促进国家教育经费和教育资源向贫困地区倾斜，完善教育基础设施，通过各种激励措施吸引人才、留住人才，加大支持乡村教师队伍建设力度，建立省级统筹乡村教师补充机制。2018 年，44 所教育部直属高校共投入帮扶资金 1.38 亿元，引进帮扶资金 13.18 亿元，培训基层干部 2.34 万人，培训技术人员 3.73 万人，购买农产品 1.23 亿元，帮助销售农产品 3.27 亿元。[①] 五是社会保障兜底一批。要统筹两个标准，即农村扶贫标准和农村低保标准，实现“两线合一”，加快织密筑牢民生保障安全网。习近平总书记指出，对贫困人口中完全或部分丧失劳动能力的，由社会保障来兜底确保他们病有所医、残有所助，基本生活有保障，实现脱贫。总的来说，精准扶贫就是因地因人制宜，缺什么就补什么，能干什么就干什么，扶到点上扶到根上。

“如何退”就是要建立和实施贫困人口脱贫和贫困县摘帽机制。精准扶贫最终要达到的效果是精准脱贫，不能使尚未脱贫的人退出，也不能让已稳定脱贫的人继续“戴帽”，要加快建立反映客观实际的贫困县、贫困户退出机制。一是设定时间表，做到心中有数。对照 2020 年全面建成小康社会的进程，早作规划，实现有序退出，既要防止贪恋附着在

① 《教育部：75 所部属高校已全部参与定点扶贫》，载央视新闻客户端 2019 年 10 月 15 日。

贫困帽上的各种红利政策的拖延症，又要防止不顾实际的急躁症。二是留出缓冲期，不能“一脱贫就撒手”。实施“扶上马，送一程”的超常规退出机制，贫困县（村、户）退出后，相关政策一段时间内继续保持，不能马上撤摊子、甩包袱、歇歇脚，要继续完成剩余贫困人口脱贫问题，做到摘帽不摘责任、摘帽不摘政策、摘帽不摘帮扶、摘帽不摘监管，通过帮扶进一步培育和巩固自我发展的能力，以稳定和固化脱贫成果，打好防止返贫的持久战，防止“饱而复饥、暖而复寒”的大面积返贫情况出现。对提前摘帽的贫困县，还可以给一定的物质和精神奖励，不仅保证苦干实干先摘帽的不吃亏，而且可以形成比学赶超的良好氛围。三是实行严格评估，但不能为摘帽而摘帽。鼓励贫困县摘帽，但是摘帽必须符合一定的验收标准，确保脱贫成色真实，脱真贫、真脱贫，对弄虚作假，降低扶贫标准或者玩“数字扶贫”的，必须严肃追责。为保证脱贫质量，严格执行贫困退出标准和程序，规范贫困退出的组织实施工作，省、市、县三级分别对贫困县、贫困村、贫困人口脱贫负主体责任。按照“谁验收、谁签字、谁负责”原则，强化部门到户验收工作责任。通过省市县层层负责、相关部门专业认定、第三方客观评估，增强脱贫工作绩效的可信度，实现脱贫结果的政府认定、社会认可、群众认同的统一。四是实行逐户销号，做到脱贫到人。要对建档立卡的贫困户实行动态管理，脱贫户及时销号，返贫户重新建档，做到有进有出、进出有序。这样的脱贫结果才真正经得起历史和实践的检验。

三、完善脱贫攻坚支撑体系

针对很多“老大难”的问题，中央出台脱贫攻坚责任制实施办法，打出了政策组合拳，建立并强化了“中央统筹、省负总责、市县抓落实”的扶贫管理体制，构建起责任清晰、各司其职、合力攻坚的责任体系，充分发挥了中国特色社会主义政治优势和制度优势。

党中央、国务院作出打赢脱贫攻坚战的总决定并出台大政方针，规划了一批重大工程项目，出台100多个政策文件或实施方案，各地也相继出台和完善了“1+N”的脱贫攻坚系列文件。省（自治区、直辖市）党委和政府对扶贫开发工作负总责，根据本省（自治区、直辖市）实际情况确定脱贫目标、下达相关脱贫项目、投放脱贫资金、组织动员社会力量、组织好监督考核等工作。市地州盟党委和政府要做好政策的上传下达工作、区域内部协调工作、督促检查工作，保证贫困县如期摘掉贫困帽。县级党委和政府承担主体责任，书记和县长是第一责任人，具体安排项目、资金和人力，推动工作的贯彻落实。针对政策落实不力的问题，要求层层签订脱贫责任书。省级党委和政府对本地的脱贫攻坚工作负总责，扶贫开发任务重的省份党政主要负责同志向中央签署脱贫攻坚责任书，立下军令状，每年要向中央作扶贫脱贫进展情况的报告。省级党委和政府要加强对贫困县的管理，向市、县、乡镇提出要求，并组织落实贫困县考核机制、约束机制和退出机制，层层落实责任制。贫困县党政正职脱贫攻坚期内要保持稳定，做到不脱贫不调整、不摘帽不调离，形成五级书记抓扶贫、全党动员促攻坚的局面。

保障脱贫攻坚各项政策落实，必须加快构建精准多元的财政扶贫投入体系。政府的财政支持作为强有力的扶贫政策手段，必须不断加大各级财政专项扶贫资金的投入。中央明确，扶贫开发投入力度不能盲目确定，必须要与打赢脱贫攻坚战的要求相匹配，坚持政府财政投入在扶贫开发中的主体和主导作用。在财政投入上，党的十八大以来，中央财政专项扶贫资金年均增长 20% 以上，2018 年达到 1061 亿元。省级财政专项扶贫资金年均增长 30% 以上，市县财政专项扶贫资金大幅度增长，省和市县财政专项扶贫资金 2018 年都超过 1000 亿元。现行扶贫财政体系存在着一些问题：一方面，财政投入不足；另一方面，有限的资金又被分割，造成资金不能集中发挥作用而造成浪费。必须改变现有财政体系，在国家层面打破城乡分割、部门分割的财政分配格局，进一步整合涉农扶贫资金，让有限资金发挥更大效力。同时优化财政支出结构，改变养老、医疗等基本公共服务支出在财政扶贫支出中占比不足的状况，提高农村贫困地区公共服务的资金投入，最大限度实现公共服务均等化。例如，福建省通过财政支持和社会救助相结合的办法，对全省所有建档立卡贫困人口“织起”了两道新的“保险带”：第一道，省市县乡四级医疗机构在原定报销比例上再叠加相应的报销比例；第二道，对儿童白血病等 13 种重大疾病，在叠加第一道补助后，对个人负担部分再予以 90% 的补助。要提高贫困县扶贫资金项目审批权限，增强县里统筹使用的自主权，支持贫困县围绕本县突出问题，以脱贫规划为引领，以重点扶贫项目为平台，把专项扶贫资金、相关涉农资金、社会帮扶资金捆绑使用。

脱贫攻坚是一项庞大而复杂的社会系统工程，需要整个社会的力量参与。企业、社会组织和个人通过多种方式积极参与脱贫攻坚，使扶贫

廖小兵／摄

借力东西部扶贫协作东风，浙江省湖州市南浔区和四川省广安市广安区共同打造浔栖江南度假区。作为东西部扶贫协作的又一硕果，该项目在改善当地群众生活环境、促进农民增收致富方面发挥着巨大作用。
图为航拍浔栖江南度假区。

日益显示出巨大的发展潜力。当前，我国的扶贫工作还存在着很多问题，如组织动员不深入、政策支持不足、体制机制不完善、长期效果不明显等问题。各级政府应积极搭建平台、协调各方，不断完善组织动员机制，丰富政策导向机制，为社会力量参与扶贫提供更多的优惠和便利，形成政府、市场、社会协同推进的大扶贫格局。一要加强宣传引导。统筹推进社会扶贫先进事迹宣传报道工作，让先进典型事例形成舆论和示范效应，营造扶贫济困、友善相助的社会风尚。例如“时代楷模”黄文秀，始终把群众的安危冷暖装在心间，带领群众发展多种产业，为村民脱贫致富倾注了全部心血和汗水，最终将自己年轻的生命奉献给了扶贫事业。正如习近平总书记所指出的，黄文秀同志研究生毕业后，放弃大城市的工作机会，毅然回到家乡，在脱贫攻坚第一线倾情投入、奉献自我，用美好青春诠释了共产党人的初心使命，谱写了新时代的青春之歌。广大党员干部和青年同志要以黄文秀同志为榜样，不忘初心、牢记使命，勇于担当、甘于奉献，在新时代的长征路上作出新的更大贡献。二要落实优惠政策。按照国家法律及有关规定，大力倡导和呼吁民营企业参与扶贫，鼓励民营企业积极承担扶贫开发社会责任，通过投资兴业的方式开发当地优势资源，培育有潜力的产业、开拓市场，充分激发经济发展活力。对为农村贫困人口提供就业机会的企业，按规定可以减免税收并给予补贴，鼓励有条件的企业自主设立扶贫公益基金、开展扶贫公益信托。三要广泛动员个人扶贫。积极倡导“我为人人、人人为我”的全面公益理念，发挥好“10・17”全国扶贫日社会动员作用，实施扶贫志愿者行动计划，打造扶贫公益品牌，提高社会扶贫的诚信度和美誉度。四要健全东西部扶贫协作机制。我国经济发展与资源分布极不均衡，东部沿海地区在经济实力和技术力量方面占优势，中西部欠发达地区则在自然资源方面占优势，各地区在发展模式和侧重点上各具特色。东西部之间的扶贫协作，可使东部的资金、技术、人才、信息、管理知识和经验等要素与西部极其丰富的土地、矿产等自然资源、原材料、劳动力以及市场等相结合，取得较高的经济效益，从而解决西部地区的贫困问题。

对于脱贫的成效必须进行检验，查证问题以便后续改进工作，提升扶贫效果。为此，中共中央办公厅、国务院办公厅出台了《省级党委和政府扶贫开发工作成效考核办法》，要求考核政府扶贫开发工作成效时，围绕落实精准扶贫、精准脱贫的基本方略，坚持从实际出发、突出重点，针对主要目标任务设置考核指标。从 2016 年到 2020 年，每年开展一次考核，由国务院扶贫开发领导小组组织进行，考核的内容覆盖面广，主要包括：减贫成效，涉及建档立卡的贫困人口和贫困县是否如期退出，贫困地区农村居民收入是否快速增长；精准识别，考核建档立卡贫困人口在认定和退出的时候是否符合程序和标准；精准帮扶，考核帮扶措施是否有针对性解决问题，群众对考核成效的满意度；扶贫资金使用管理等方面，考核扶贫资金的使用是否透明、监管是否到位等。通过完善的考核体系树立脱贫实效导向。

四、坚决攻克深度贫困堡垒

经过改革开放40多年的努力，尤其是党的十八大以来，农村贫困人口大大减少，精准脱贫深入人心，贫困地区群众生产生活条件显著改善，贫困群众幸福感、获得感显著增强。现在，全国还剩5%左右的贫困人口未脱贫，是“贫中之贫，困中之困”。2020年脱贫攻坚已经到了决战决胜、全面收官的关键阶段，必须打赢深度贫困地区脱贫攻坚这场硬仗。

深度贫困人口主要分布在深度贫困地区，如西部地区尤其是民族地区、边疆地区、革命老区、集中连片特困地区等，都是脱贫攻坚中最难啃的硬骨头。脱贫攻坚是一项复杂的社会工程，必须从全局出发进行谋划，加强脱贫攻坚的顶层制度设计，建立并创新精准扶贫、精准脱贫的顶层制度，使脱贫攻坚更加注重科学方法和实效性。为打好脱贫攻坚战，党的十八大以来，党中央、国务院加强顶层设计，创新工作机制，高度关心贫困地区和贫困群众，出台特惠扶持政策，丰富完善中央和地方“1+N”政策体系，先后下发了《关于打赢脱贫攻坚战的决定》《省级党委和政府扶贫开发工作成效考核办法》《“十三五”脱贫攻坚规划》《关于支持深度贫困地区脱贫攻坚的实施意见》等一系列重要文件。国务院扶贫开发领导小组下发了《关于建立重大涉贫事件处置反馈机制的意见》，中央组织部和国务院扶贫办联合下发了《关于脱贫攻坚期内保持贫困县党政正职稳定的通知》。这一系列制度措施，对深度贫困地区脱贫攻坚工作作出了全面部署，发挥了政策的叠加效应，为打赢脱贫攻坚战制定了时间表和路线图，为脱贫攻坚提供了根本保证。政策的生命力在于落实，对于已经出台的政策关键是抓好落实，确保每一项措施精准落地。

在党的领导下，改革开放 40 多年来我国脱贫事业取得了巨大成就，成为世界上减贫人口最多的国家，也是世界上率先完成联合国千年发展目标的国家。这一成就足以在人类社会发展史上留下浓墨重彩的一笔。打好打赢深度贫困地区脱贫攻坚战，必须始终坚持党对脱贫攻坚的领导，充分发挥中国特色社会主义制度集中力量办大事的独特优势，社会各方形成扶贫合力，形成专项扶贫、行业扶贫、社会扶贫互为补充的大扶贫格局。深度贫困地区党委和政府要坚持把脱贫攻坚作为头等大事和第一民生工程来抓，坚持以脱贫攻坚统揽经济社会发展全局。

深度贫困地区脱贫攻坚要坚持内外联动，既要用好外力，更要激发内力，进一步组织群众、凝聚群众、动员群众、汇聚脱贫攻坚强大力量，要注重拔掉群众思想上的“穷根”。没有内在动力，再好的政策、再多的帮扶，扶贫也只能事倍功半。习近平总书记强调：“要注重调动贫困群众的积极性、主动性、创造性，注重培育贫困群众发展生产和务工经商的基本技能，注重激发贫困地区和贫困群众脱贫致富的内在活力，注重提高贫困地区和贫困群众自我发展能力。”① 要激发脱贫的内生动力，坚持扶贫与扶志、扶智形成双向合力，完善和落实贫困家庭学生资助政策，加大职业技能培训力度，让贫困群众依靠知识、依靠技能改变命运、脱贫致富，着眼阻断贫困代际传递。扎实开展农村精神文明建设，深入推进移风易俗，改变等靠要的懒汉思想，坚持“输血”和“造血”齐发力，

① 习近平：《在深度贫困地区脱贫攻坚座谈会上的讲话》（2017 年 6 月 23 日），载《人民日报》2017 年 9 月 1 日。

任海霞 / 摄

为扎实推进脱贫攻坚工作，确保脱贫攻坚再战再捷，安徽省六安市通过开展劳动技能培训活动，加强教育引导，帮助贫困群众转变思想观念，掌握农业实用技术和致富技能，提升文化素质和知识水平。

图为该市独山镇油茶产业脱贫示范基地。

推动贫困群众从“要我脱贫”到“我要脱贫”的思想转变，引导贫困群众脚踏实地勤劳致富，通过自己的努力养活家庭、为社会发展和国家富强贡献自己的力量，实现“富口袋”与“富脑袋”双丰收，促进贫困群众比学赶超、提振精气神。

义务教育、基本医疗、住房安全是与群众切身利益密切相关的三大领域，是实现稳定脱贫的底线任务。要想赢得群众支持，必须不断提升“三大保障”的水平。教育方面，尽可能通过政策调整缩小城乡差距，保障农村贫困家庭子女享有受教育的权利，实施农村义务教育学生和学龄前儿童营养改善计划，提高儿童和青少年身体素质。医疗方面，建立健康扶贫长效机制，推动优质医疗资源不断下沉，建立农村贫困人口“四重医疗保障”政策，特困人员和低保人员可以享受先诊疗后付费的政策，如贵州将36种疾病纳入农村贫困人口慢性病医疗救助范围；加强贫困地区乡镇卫生院和村卫生室能力建设，加强对贫困地区慢性病、常见病的防治，开展地方病和重大传染病攻坚行动，降低因病致贫返贫风险，让医疗扶贫显真情。住房方面，如贵州启动实施农村危房改造和住房保障三年行动计划，明确农村危房改造基本安全要求，保证正常使用安全和基本使用功能，通过置换或长期租赁等方式提高闲置农房的利用率，保证特殊贫困群体住有所居。

所谓“好钢用在刀刃上”，以发展特色产业为载体和抓手是开展精准扶贫和实现困难群众增收的重要举措，可以提高扶贫效率、巩固扶贫成果。一个地区要发展经济、摆脱贫困，找准定位是十分关键的，定位的主要依据就是不同地区有不同的资源禀赋、发展基础和区位特色。贫困地区要发展地方特色产业。首先，要重视培植产业发展能力。“授人以鱼不如授人以渔”，发展能力是脱贫的关键。很多地方扶贫产业出现了不稳定和不可持续的状况，一旦政策发生改变、优惠措施被取消、更换扶贫干部，扶贫产业很有可能立马就被市场所淘汰或者被继任干部所废除。所以扶贫政策从制定到执行的全过程，提升产业发展能力才是长久之计，既要出台专项政策，统筹使用涉农资金，又不能大包大揽，而要有意识地提升群众的自主发展意愿和自主发展能力，营造良好的产业参与氛围。其次，因地制宜探索多种产业模式。有的地方以发展特色优势农业为主开展农业产业化帮扶，提升农业现代化水平；有的地方实施乡村旅游扶贫工程；有的地方发展电商扶贫，引导大型电商企业和电商平台采用“原产地 + 自营”模式和农村淘宝销售农产品。例如，云南省昭通市红苹果的种植撑起了一个当红产业，昭通种苹果、群众做电商，昭通苹果产值达 30 亿元，带动了 30 万名群众增收，“红苹果变成了金苹果”。这些产业发展的尝试，使贫困地区群众的收入稳定提高，而且是一种可持续的发展模式。最后，采取措施巩固贫困地区已具备的产业发展能力。要打造一支相对稳定的扶贫干部队伍，形成“一任接着一任干”的有效衔接，避免政策朝令夕改，使那些已经被实践验证的农企合作机制、收益分配机制，成为可推广的经验甚至固化成为制度性文件。脱贫攻坚需要搭建一个“致富媒介”，输血是治标不治本之策，只有通过源源不断的造血，才能治穷病、拔穷根。所以，正如习近平总书记 2016 年 7 月在宁夏考察时所强调的：“发展产业是实现脱贫的根本之策。要因地制宜，把培育产业作为推动脱贫攻坚的根本出路。”

不打赢脱贫攻坚战，就难以有效巩固中国共产党的执政基础，就难以充分体现社会主义制度的优越性，就难以向人民庄严宣告完成了全面建成小康社会的第一个百年目标，就难以有效维护国家的长治久安。脱贫攻坚战已经进入倒计时，2020 年实现全面小康社会需要咬定青山不放松。古老的中华民族为解决温饱实现小康生活，已经奋斗了上千年，中国共产党为实现中华民族的伟大复兴已经奋斗了近百年，如今美好的蓝图即将变成现实，2020 年实现每个人的小康一定会如期完成。

第七讲 坚决打好污染防治攻坚战

中国特色社会主义进入新时代，我国社会主要矛盾已经转化为人民日益增长的美好生活需要和不平衡不充分的发展之间的矛盾，人民对美好生态环境的需要越来越明显，污染防治成为全面建成小康社会必须跨越的重要关口。对此，习近平总书记在 2018 年全国生态环境保护大会上讲道:“到 2020 年全面建成小康社会，是我们党向人民作出的庄严承诺。不能一边宣布全面建成小康社会，一边生态环境质量仍然很差，这样人民不会认可，也经不起历史检验。”不管有多么艰难，我们都必须以壮士断腕的决心、背水一战的勇气、攻城拔寨的拼劲，坚决打好污染防治攻坚战。

一、建设生态文明是关乎民族未来的千年大计

建设生态文明是关系人民福祉、关乎民族未来的千年大计。党的十八大以来，以习近平同志为核心的党中央高度重视生态文明建设，注重把握生态文明建设规律，不断丰富和完善生态文明建设思想，突出生态文明在新时代党和国家事业发展中的重要地位。

中华民族是尊重自然、热爱自然的民族，中华传统文化中包含着丰富的生态智慧思想。中国传统农业社会产生并保持了对自然的敬畏和感激之情，也正是这份对自然的敬畏和感激之情孕育了中国传统生态智慧。天人合一体现的就是人与自然不可分割，人与自然是一个统一的整体的思想。《周易·乾·彖》说："乾道变化，各正性命，保合太和，乃利贞。"意思是万物都有自己的本性与本命，保持和谐的状态，最有利于天地万物。孟子指出："不违农时，谷不可胜食也；数罟不入洿池，鱼鳖不可胜食也。斧斤以时入山林，材木不可胜用也"。意思是种植农作物不能违背耕种时节，按照自然节律，粮食会大获丰收；密孔的渔网不入池塘，鱼鳖等水产品就吃不完；砍伐树木按照固定的时间，木材就取之不尽。《道德经》指出："人法地，地法天，天法道，道法自然。"意思是人要顺应自然，尊重自然规律。《礼记·中庸》提出了"致中和"的思想："中也者，天下之大本也；和也者，天下之达道也。致中和，天地位焉，万物育焉。""中"是天下之大本，"和"是天下之达道，在"中和"的状

态下，天地都会处于应有的位置，万物都会得到相应的养育。所以，“中和”体现的也是人与自然和谐发展的思想，主张协调适度发展，避免过分和盲目开发。这些传统生态智慧体现了先人们对人与自然关系的重要认识，对于我们现在进行生态文明建设具有很好的借鉴意义。

我们党一直高度重视生态环境工作，特别是党的十八大以来，对生态文明建设重要地位的认识不断深化，中国特色社会主义事业总体布局正式拓展为经济建设、政治建设、文化建设、社会建设、生态文明建设“五位一体”。党的十八届五中全会首次提出创新、协调、绿色、开放、共享的新发展理念，绿色体现的就是生态文明思想。在党的十九大报告中，习近平总书记提出新时代坚持和发展中国特色社会主义的14条基本方略，其中之一就是坚持人与自然和谐共生，并将污染防治攻坚战作为三大攻坚战之一，要求必须坚决打赢。党的十九届四中全会明确指出：“生态文明建设是关系中华民族永续发展的千年大计。必须践行绿水青山就是金山银山的理念，坚持节约资源和保护环境的基本国策，坚持节约优先、保护优先、自然恢复为主的方针，坚定走生产发展、生活富裕、生态良好的文明发展道路，建设美丽中国”。可见，建设生态文明在新时代党和国家事业发展中居于重要地位。为了更好地推进生态文明建设工作，党中央高度重视生态文明总体设计和制度体系建设，相继出台《关于加快推进生态文明建设的意见》《生态文明体制改革总体方案》，全面深化生态文明领域改革。例如，《生态文明体制改革总体方案》提出了建立健全八项生态文明制度体系，包括自然资源资产产权制度、国土空间开发保护制度、空间规划体系、资源总量管理和全面节约制度、资源有偿使用和生态补偿制度、环境治理体系、环境治理和生态保护市场体系、生态文明绩效评价考核和责任追究制度。这一系列部署和要求体现了我们党对生态文明建设规律的进一步把握，表明了我们党对打好污染防治攻坚战、实现全面建成小康社会的伟大决心和坚定信心。

张建成 / 摄

2019 年 12 月 17 日，空中俯瞰浙江省武义县城区的江滨、梅郎山、壶山公园和周宅村，香枫、银杏、水杉等彩林如同调色板，为城市增色。

为中国人民谋幸福，为中华民族谋复兴，是中国共产党人的初心和使命。习近平总书记指出，人民对美好生活的向往，就是我们的奋斗目标。随着国家经济的发展，人民的物质生活水平不断提高，人民对精神文明方面的需求越来越高，我国社会主要矛盾已经转化为人民日益增长的美好生活需要和不平衡不充分的发展之间的矛盾。人民的美好生活需要自然包括生态文明建设方面的需要，老百姓渴望蓝天碧水净土，期盼能有美好的生态环境，希冀“望得见山，看得见水，记得住乡愁”的美好生活。良好生态环境是最普惠的民生福祉，青山就是美丽，蓝天也是幸福。为了实现人民对美好生态环境的需求，我们必须加强生态文明建设，这是党的使命和宗旨所决定的，也是关系民生的重大社会问题。只有像保护眼睛一样保护生态环境，像对待生命一样对待生态环境，才能给人民群众提供更多优质的生态产品。只有着力解决人民群众反映强烈的突出环境问题，加强大气、水、土壤等污染治理工作，才能让群众享有更多蓝天白云和美好的人居环境。只有立足于未来，把生态环境保护摆在更加突出的位置，建设天蓝、地绿、水清的美丽中国，才能以更高层次更高水平满足人民对美好生活的向往。

建设生态文明功在当代，利在千秋。如果我们追求人与自然的和谐发展，对自然资源合理利用，对生态环境友好保护，那我们既能看到“千里莺啼绿映红，水村山郭酒旗风”“碧云天，黄叶地，秋色连波，波上寒烟翠”的自然美景，也能获得大自然带给我们的慷慨回报，更好地走向未来。历史告诉我们，无情地掠夺自然、征服自然必然会遭到大自然的报复，付出惨痛代价，直至文明的消失；热爱自然，顺应自然，保护生态环境，搞好污染防治，才能维护生态系统的整体平衡，为子孙后代留下宝贵的生态资源，让中华民族绵延不绝、持续发展。

二、形成绿色的发展方式和生活方式

生态环境问题归根结底是发展方式和生活方式问题，要从根本上解决生态环境问题，必须贯彻绿色发展理念，坚决摈弃损害和破坏生态环境的增长模式，加快形成节约资源和保护环境的空间格局、产业结构、生产方式、生活方式，把经济活动、人的行为限制在自然资源和生态环境能够承受的限度内，给自然生态留下休养生息的时间和空间。[①] 所以，推动形成绿色发展方式和生活方式是污染防治的治本之策。

2019 年 4 月 28 日，习近平主席在 2019 年北京世界园艺博览会开幕式上的讲话中指出："我们应该追求绿色发展繁荣。绿色是大自然的底色。我一直讲，绿水青山就是金山银山，改善生态环境就是发展生产力。良好生态本身蕴含着无穷的经济价值，能够源源不断创造综合效益，实现经济社会可持续发展。"河北省塞罕坝林场曾经是黄沙漫天的大片荒原，50 多年来，几代塞罕坝人克服重重困难，经受种种考验，不停地种树，在他们的努力之下，终于创造了"荒原变林海，沙漠变绿洲"的人间奇迹。如今，塞罕坝林场成为一道绿色屏障，是世界上面积最大的人工林场，每年涵养的水源相当于 10 个西湖的蓄水量，为京津地区输送了大量清水。更让人欣喜的是，塞罕坝林场已成为世外桃源般的旅游胜

①《习近平新时代中国特色社会主义思想学习纲要》，学习出版社、人民出版社 2019 年版，第 171 页。

陈晓东 / 摄

盛夏时节，地处河北省承德市坝上的塞罕坝国家森林公园林海葱茏，气候宜人。
图为 2019 年 8 月 6 日拍摄的该公园景色。

地，塞罕坝人的收入早已不愁，他们还将最擅长的育苗技术变成了产业，建设绿化苗木基地，形成产业化的发展模式，带动了当地的发展。塞罕坝的这片绿水青山，已经成为真正的金山银山！在新疆维吾尔自治区，乌鲁木齐市规划建设乌鲁木齐河分洪工程，集约利用有限的水资源，实现水资源的科学调配，推广节水灌溉，推进污染防治和防沙治沙，这一系列的生态修复工程促进乌鲁木齐市逐渐实现绿色发展。在阿尔泰山南麓的可可托海，一个已经废弃的矿坑经过修复，成为热门的工业旅游景点。塔里木河下游的生态输水工程，让干涸的台特玛湖重现、濒死的胡杨林复苏，推动了自然资本的良性增值，促进了治沙与治穷的完美融合。这些生动范例告诉我们，只有珍爱绿色、守护家园，才能实现生态修复和经济发展的齐头并进；只有坚持绿色发展和生态保护，才能让良好生态环境成为经济发展新的增长点，成为我们国家长远发展和永续增长的重要支撑。

形成绿色的发展方式和生活方式，我们该从哪些方面努力呢？

调整经济结构和能源结构，这既是形成绿色发展方式的基本条件，也是我们建设现代化经济体系的迫切要求。中国特色社会主义进入新时代，我国经济发展面临的主要问题在供给侧，人民不是没有需求，而是需求变了，供给的产品不能满足人民的需求。所以，我们党把推进供给侧结构性改革作为主线来抓，立足于调整经济结构、转变经济发展方式、培育增长新动力、推动经济高质量发展，使供给能够满足人民不断升级和个性化的物质、文化以及生态环境需要。2019 年中央经济工作会议强调，要积极进取，坚持问题导向、目标导向、结果导向，在深化供给侧结构性改革上持续用力，确保经济实现量的合理增长和质的稳步提升。全面做好“六稳”工作，统筹推进稳增长、促改革、调结构、惠民生、防风险、保稳定各项工作，保持经济运行在合理区间，确保全面建成小康社会和“十三五”规划圆满收官，得到人民认可、经得起历史检验。

我们要用创新引领发展，促进产业结构优化升级和绿色转型，建立绿色低碳循环发展的经济模式。在能源体系上要逐渐减少对煤炭、石油能源的需求与消耗，大力发展新能源和可再生能源，促进能源系统清洁低碳发展。推动产能过剩行业加快出新，淘汰落后产能，降低污染排放负荷，构建低污染、高能效的产业结构，推动生产方式绿色化，促进经济绿色发展。

国土是绿色发展的空间载体，国土开发和空间布局一定要在资源环境承载能力和国土适宜性范围之内，科学有序布局生产、生活、生态等功能空间，把人口分布、经济布局、国土利用、生态环境保护统筹起来进行规划。加快落实主体功能区规划，把需要开发的地方高效集约地开发好，而对该保护的区域一定要严格保护起来。按照中共中央办公厅、国务院办公厅印发的《关于在国土空间规划中统筹划定落实三条控制线的指导意见》，国土空间规划编制要完成三条控制线（生态保护红线、永久基本农田、城镇开发边界）划定和落地，即按照生态功能划定生态保护红线，对重点流域、重点区域的环境风险项目要严格控制，对重点行业规划进行环境影响评价，把人为活动控制在生态保护红线内；按照保质保量要求划定永久基本农田，对划定不实、严重污染的要全面整改，确保国家粮食安全；按照集约适度、绿色发展要求划定城镇开发边界，防止城镇无序蔓延，为城市生活留白增绿，为未来发展留足开发空间。

紧跟新一轮科技革命和产业革命浪潮，深入实施创新驱动发展战略，培育壮大节能环保产业、清洁生产产业、清洁能源产业，打造绿色低碳发展的产业体系，为加快形成绿色发展方式提供物质基础。深化科技体制改革，鼓励基础研究和原始创新，把人、财、物更多地向环保创新领域倾斜，激发创新活力，推动传统产业智能化、清洁化改造，不断提高发展的质量效益。以市场化为导向，完善相关支持政策，促进正向激励和优胜劣汰，发展高效农业、先进制造业和现代服务业。通过科学规划引领，积极构建现代农业产业体系、生产体系、经营体系，推动农业规模、集约、高效发展。加快提升我国制造业水平，加快发展先进制造业，在智能制造、绿色制造、高端制造上下功夫，推动互联网、大数据、人工智能等新技术和实体经济深度融合。加快发展现代服务业，在人力、资本、信息、咨询、培训、文化服务等领域不断创造新的增长点，为生态环境保护做好产业加法。

加强城市建设规划管理，建设资源循环利用基地，使生产和生活之间实现资源、能源和废弃物的统筹利用。降低能耗、物耗，提高资源利用效率。加强工业、建筑、交通运输等重点高能耗领域管理，推进建筑业低能耗、零能耗建设试点，编制绿色生产考核体系、绿色建筑建设标准等，以规范性政策促进企业节约资源，提升工业生产效率和能耗效率。大力发展循环经济，促进生产系统和生活系统的循环链接。借助“互联网+”体系优势，发展现代信息通信技术，与资源循环利用体系深度融合，破除信息不对称的制约作用，推动循环产业模式转型升级，更好地服务于生产生活循环链接。

加强宣传教育，增强公众节约资源、爱护环境意识，动员公众参与生态文明建设，在全社会牢固树立生态文明理念。借助植树节、世界环境日等开展形式多样的宣传活动，打造特色鲜明的宣传亮点，向公众普及生态文明建设的重要意义，让环保意识深入人心，转化成公民的自觉行动。党的十八大以来，习近平总书记已经连续八年参加首都义务植树活动，并以此为契机宣传中华民族爱树植树护树的好传统，他用实际行动和生动示范将生态文明的希望、环境保护的意识种在了我们每个人的心中。此外，还可以开展一系列以“绿色”为主题的创建活动，并与精神文明创建活动结合起来，将生态文明理念纳入道德规范宣传教育中，这样既有利于创建一批有代表性的节约型机关、绿色家庭、绿色学校、绿色社区，还有利于培养公众形成良好的环境伦理道德观，倡导公众树立尊重自然、爱护自然的绿色价值观念，形成推动生态文明建设和精神文明建设的共识与合力。

倡导简约适度、绿色低碳的生活方式。随着社会的进步、人民生活水平的提高，铺张浪费、盲目消费、冲动攀比的现象也越来越严重。我们要弘扬勤俭节约的中华传统美德，倡导简洁明快的生活方式和顺应自然的生活态度，反对奢侈浪费和冲动消费，让公众养成合理消费、理性消费的良好习惯。我们要继续倡导和实施全民绿色教育行动，让公众了解什么是绿色的消费方式，哪些是绿色产品，哪些品牌符合国家绿色要求，鼓励公众减少使用一次性制品，尽量不要购买过度包装的商品，通过生活方式的绿色革命倒逼生产方式绿色转型。要让低碳出行深入人心，鼓励公众优先选择公共交通或者骑行、步行的出行方式，创造宽松的市场环境促进共享交通工具的发展，通过政策倾斜和购买补贴鼓励公众购买新能源汽车。党的十九届四中全会提出“普遍实行垃圾分类和资源化利用制度”，对垃圾分类管理提出了新的更高的要求。我们要继续出台一系列政策规范城市生活垃圾分类标准，加大垃圾分类宣传力度，引导公众学习掌握垃圾分类和废弃物回收利用知识，形成垃圾分类新风尚，控制垃圾污染危害，促进资源循环利用。

三、加大生态系统保护力度

生态系统是一个长期形成的综合性系统，保持生态系统的稳定是人类生存和发展的基础。我们要坚持人与自然和谐共生，加大生态系统保护力度，打好污染防治攻坚战，坚持保护优先、自然恢复为主，统筹开展生态保护与修复。

监测数据显示：2019 年 1—10 月，全国地表水优良（Ⅰ—Ⅲ类）水质断面比例为 75.4%，同比增加 2.3 个百分点；2019 年 1—11 月，全国地级及以上城市 $PM_{2.5}$ 浓度同比下降 2.9%。截至 2019 年 11 月底，约 2.1 万个建制村完成环境综合整治，全国固体废物进口量同比减少 36%①，我们的生态环境质量日益改善。但是，我国生态系统退化的情形依然严峻，生态文明建设依然面临着很多的压力、矛盾和挑战，要完成好全面建成小康社会生态环境保护方面的目标任务，任重道远。2019 年 3 月 5 日，习近平总书记在参加十三届全国人大二次会议内蒙古代表团审议时强调："我们必须咬紧牙关，爬过这个坡，迈过这道坎。要保持加强生态环境保护建设的定力，不动摇、不松劲、不开口子。"生态系统保护不是权宜之策，而是长远之计，必须发扬咬定青山不放松的精神，风雨无阻，持续推进。对生态系统保护，一定要有强大的战略定力，不能因为

① 孙秀艳、寇江泽：《同心绘就天更蓝山更绿水更清的美好图景》，载《人民日报》2020 年 1 月 7 日。

取得了一点成绩就沾沾自喜、认为可以放松要求；也不能因为遇到了困难和阻碍，就准备敷衍了事，甚至想走“回头路”，开始动铺摊子上项目的念头、打牺牲环境的主意，那样必然是得不偿失的。加强生态系统保护的战略定力，要经得起考验、挺得过挑战、解得了矛盾、稳得住心神，践行新发展理念不动摇、不松劲，牢牢守住生态红线，坚决抵制破坏生态环境的行为。

《生态文明体制改革总体方案》要求对生态系统“整体保护、系统修复、综合治理，增强生态系统循环能力，维护生态平衡”。习近平总书记在党的十九大报告中明确指出：“实施重要生态系统保护和修复重大工程，优化生态安全屏障体系，构建生态廊道和生物多样性保护网络，提升生态系统质量和稳定性。”近年来，我国实施了一系列重大的生态保护修复工程，天然林保护、封山育林、退耕还林、荒漠化治理、拆塘还湖等，为维护生态安全发挥了重要作用。例如，长江大保护实施四年来，腾退岸线、拆除非法码头、清退污染企业，进行土壤治理修复，根据水利部 2018 年全国水土流失动态监测成果，长江流域水土流失面积 7 年减少了 3.79 万平方公里，降幅接近 10%[①]。同时，大规模增绿复绿、造林绿化工程使长江两岸绿意盎然，长江水质优良比例达到 75% 以上，森林覆盖率达到 43%[②]。从 2020 年 1 月 1 日起，长江流域重点水域开启暂定为期 10 年的“常年禁捕”，这大大有利于保护水生生物的多样性，促进长江生态系统的整体性修复。对于黄河的生态保护和系统治理，习近平总书记在 2020 年 1 月 3 日举行的中央财经委员会第六次会议上强调，黄河流域必须下大气力进行大保护、大治理，走生态保护和高质量发展的路子。因此，实施重要生态系统保护和修复重大工程，一定要

① 徐海波、李思远：《长江流域水土流失面积 7 年减少十分之一》，载新华网 2019 年 12 月 3 日。

② 石羚：《实现生态效益、经济效益的最大化》，载《人民日报》2020 年 1 月 8 日。

过仕宁 / 摄

近年来，安徽省铜陵市以长江经济带“共抓大保护、不搞大开发”为导向，加大长江岸线的整治力度，已建成全长 4.1 公里、开放式的滨江生态公园。
图为铜陵滨江生态岸线美丽景观。

坚持保护优先、自然恢复为主，充分发挥自然系统的自我调节和自我修复能力，让生态休养生息。

生态修复是一项系统工程，必须统筹山水林田湖草一体化保护修复。山水林田湖草是一个生命共同体，人的命脉在田，田的命脉在水，水的命脉在山，山的命脉在土，土的命脉在林和草[①]，这是一个相互依存、紧密联系的有机链条。生态系统保护修复，要从系统论的角度看问题，遵循生态系统多样性、整体性的特点，按照其内在的规律，加大生态系统保护力度。例如，作为国家第三批山水林田湖草保护修复工程的试点城市，重庆市政府按照“山为骨、水为脉，林田湖草为肌体”的思路，依据工程修复为辅、自然恢复为主的原则，全市“一盘棋”系统谋划生态修复工程，初步取得了“山青、水秀、林美、田良、湖净、草绿”的修复效果。这告诉我们，加大生态系统保护力度，一定要打破“自家一亩三分地”的思维定式，全方位、全地域、全过程开展生态环境保护，对自然生态各要素整体保护、系统修复、综合治理，增强生态系统循环能力，维护生态系统的平衡性和稳定性，扩大环境容量生态空间，给自然留下更多修复空间，给子孙后代留下天蓝、地绿、水清的美好家园。

在生态系统保护的同时，要做好污染防治工作，使二者相辅相成，共同促进。污染防治和生态保护是生态文明建设密不可分的两个方面。一方面，污染防治有利于减少对生态环境的破坏，有利于生态系统的自然恢复；另一方面，生态得到有效保护，污染自然会减少，污染防治的压力也能得以减轻。2019 年 12 月召开的中央经济工作会议强调：“要打好污染防治攻坚战，坚持方向不变、力度不减，突出精准治污、科学治污、依法治污，推动生态环境质量持续好转。”打好污染防治攻坚战的总体目标是到 2020 年，生态环境质量总体改善，主要污染物排放总量

①《习近平新时代中国特色社会主义思想学习纲要》，学习出版社、人民出版社 2019 年版，第 173 页。

大幅减少，环境风险得到有效管控，生态环境保护水平同全面建成小康社会目标相适应。在总目标的基础上还对大气、水、耕地、生态保护红线等列出了具体指标。我们要打好打赢蓝天保卫战、柴油货车污染治理、长江保护修复、渤海综合治理、城市黑臭水体治理、水源地保护、农业农村污染治理等标志性战役，力争取得实实在在的战果。按照“精准治污、科学治污、依法治污”的要求，指引未来的污染治理工作。在精准治污上，要突出重点，加大对重点区域、重点行业的环保监管，着力解决人民群众反映强烈的生态环境问题；要因地制宜，根据当地环境污染特点具体问题具体分析，避免“一刀切”和不分青红皂白地蛮干。在科学治污上，要遵循客观规律，根据环境污染现状、环境保护目标和可用环境总量，实事求是地选择治污方法；注重治理领域关键技术研发，促进科技成果转化，以科技的手段、优化的组合和较小的投入，取得更好的治污效果。在依法治污上，要建立生态环境保护方面的标准体系，严格遵守相关法律法规，依法监测、依法治理、依法追责，把依法行政和防治污染有机结合，把环境保护和经济发展统筹起来。

为了更好地依法治污，提高生态系统保护的有效性，还需完善生态环境保护制度，加强刚性约束。党的十九届四中全会从实行最严格的生态环境保护制度、全面建立资源高效利用制度、健全生态保护和修复制度、严明生态环境保护责任制度四个方面着眼，提出了更好坚持和完善生态文明制度体系，促进人与自然和谐共生的努力方向和重点任务，为我们打好污染防治攻坚战奠定了坚实基础。对此，我们要严格落实党中央的决策部署，补短板、强弱项、抓落实，不断健全制度体系，深入推进生态系统保护工作。一要整体谋划国土空间开发保护格局，优化城镇格局、农业生产格局和生态保护格局。二要建立健全绿色生产和绿色消费的法律制度，加强政策导向，促进绿色创新技术的市场转化，发展绿色金融，为绿色循环经济发展服务。三要构建以排污许可制为核心的固定污染源监管制度体系，提高污染排放标准，加强对固定污染源和污染排放情况的监督监管，强化排污者责任，加大对企业违法排污的惩罚力度。四要构建以国家公园为主体的自然保护体系，健全国家公园保护制度，做好国家公园系统规划设计，推动国家公园形成规范化、法治化的管理模式，以国家名义推进自然资源保护和合理利用，促进人与自然和谐共生。五要开展大规模国土绿化行动，对荒漠化、石漠化土地进行综合治理，防止水土流失；建设沙化土地封禁保护区和防沙治沙综合示范区；实施湿地保护和恢复工程，逐步恢复湿地生态功能；扩大退耕还林还草，保护草原生态系统，筑牢生态安全屏障。

四、改革生态环境监管机制

2019 年 5 月 22 日至 23 日，生态环境部在江西省南昌市召开全国自然生态保护工作会议。会议强调，要深入贯彻习近平生态文明思想，切实担负起生态保护监管的使命与职责，推动实现监管体系与监管能力现代化，努力开创生态保护工作新局面。

改革开放 40 多年来，我国生态环境监管机制得到不断调整和完善，为我国的生态环境保护工作作出了重要贡献。但是随着公众对生态环境的需求越来越高，原来的生态环境监管体制显现出了诸多的不适应：一是职责交叉重复多，容易出现“责任难划分”“九龙治水”的问题。二是监管者和所有者没有很好地区分开来，监管者也是所有者，权威性大打折扣，监管有效性不足。在这种形势下，2018 年 3 月 17 日，十三届全国人大一次会议表决通过了国务院机构改革方案，分别组建自然资源部和生态环境部，这代表着生态监管机制改革迈出重要一步。以前，我国自然资源资产产权主管部门依照资源的种类不同，分为土地部门、林业部门、渔业部门、海洋部门等相关部门代表国家行使，职责分散，交叉严重，导致自然资源管理缺位现象突出。新组建的自然资源部统一行使所有国土空间用途管制和生态保护修复职责，这既有利于解决空间规划重叠、资源开发使用无序且分散的问题，也有利于实现山水林田湖草整体保护、系统修复和综合治理。在环境保护方面，以前的行政管理体制机构重合较多，相关部门在大气减排、陆海环境保护、环境监测执法等方面职责分散、缺乏治理协同，导致环境污染治理整体效果不佳。例如，水污染防治，地下水的管理在国土部门，流域管理在水利部门，农业污染治理又在农业部门，各部门各自为政、协调困难，遇到问题相互“踢皮球”。生态环境部的设立，能够整合分散的生态环境保护职责，统一行使监管城乡各类污染排放和行政执法职责，权威性增强，工作力度加大，有利于加强环境污染治理，保障国家生态安全。总之，生态环境监管机构的改革是国家在生态环境领域的重大举措，是加强生态文明建设治理体系和治理能力现代化的巨大进步。然而，清理各部门的交叉职责，建立统一行使职责的监管机制是一个长期的过程，中间还会遇到很多困难和挑战，必须攻关克险，逐步推进生态环境监管体制改革。

加强对生态环境的动态监测。按照《生态环境监测规划纲要（2020—2035 年）》的要求，推动传统监测向生态环境监测转变，监测因子要从常规污染物向新型、复合、持久性污染物转变，监测区域从城市向农村延伸，监测手段从控源减排和环境质量达标向风险防控和生态修复延伸。这就要求必须推进生态环境监测体制机制改革，继续推进国家环境监测事权上收和省以下垂直管理改革，解决生态环境监测领域出现的行政干扰和利益冲突问题。调整生态环境监测网络运行机制，建立起政府、企业、市场、社会“四位一体”的综合监管体系。通过购买服务的方式，引进社会机构完成采样分析、自动站运维等生态环境监测工作，同时加强对社会运维机构的监督管理，提高环境监测的真实性和有效性。应用互联网、大数据、人工智能等新技术，创新环境监管手段，探索环境治理新模式，如生态云平台、热点网格监测等提高环境监测的信息化、科学化和精准化水平。随着信息时代的深入发展，我们要继续发挥大数据技术在环境信息收集和分析、环境污染监测和管理方面的重要作用，着力解决突出环境问题，加大生态系统保护力度。

赵春亮 / 摄

近年来，江西省全面推进生态水环境治理，建立健全省、市、县、乡河（湖）长制组织体系，围绕水资源保护、河湖岸线管理保护、水污染防治等进行巡查和治理，着力打造“河畅、水清、岸绿、景美”的生态环境，守护身边的绿水青山。
图为新余市分宜县杨桥镇河道专管员在打捞杂草和漂浮物。

建立健全生态环境监管法律体系。2018 年 5 月，习近平总书记在全国生态环境保护大会上再次强调，用最严格制度最严密法治保护生态环境，加快制度创新，强化制度执行，让制度成为刚性的约束和不可触碰的高压线。这要求我们必须转变监管思路，使环境监管实现制度化、常态化运行。当前，我国生态领域相关法律制度还比较欠缺，已有的法律制度又比较散乱，体现环境监管的《环境监察办法》仅是部门规章，法律地位较低。因此，我们要加快推进环境监管方面的综合性立法工作，形成以生态环境和自然资源领域单行法、条例和地方性法规为主干的生态环境监管法律法规体系，严格依法监管，彻底摒弃“随意监管”“任性监管”。针对我国目前生态环境领域违法犯罪问题依然突出的情况，我们要加大打击力度，提高违法成本，使违法人得不偿失。法律的尊严在于执行，有了生态环境监管法律法规后，还要严格执法，依法严厉惩处破坏生态环境的违法行为，坚决追究造成环境污染的相关责任人的法律责任。

加大生态环境保护督查力度。充分发挥中央环保督察的“利剑”作用，层层压实监管责任，将环保压力传导下去，让各级党委、政府和相关企业真正重视起环保问题，着力解决突出的环境问题。建立健全中央和省两级督察制度体系，抓住重点领域、重点问题开展有针对性的专项督察，形成联动效应。对督察的问题要从严从实追责问责，一经发现破坏生态环境的行为或者环保领域的弄虚作假、形式主义、官僚主义问题，必须严格追责，督促整改。此外，要想推动生态环保督察不断向纵深发展，还需拓宽督察内容，把督察生态环境保护与经济、社会发展结合起来，从着重纠正环保违法转变为纠正违法和提升守法能力相结合，指导地方全面提高生态环境保护能力，完善生态环境保护体制机制。在对企业的监管上，应建立跨地区、跨行业的生态环境失信联合惩戒机制，将违法企业及相关责任人纳入生态环境信用“黑名单”，实施股票放行、招标投标、申请财政性资金项目限制、市场和行业禁入等联合惩戒措施。

完善市场化的监管手段，加大企业和公众参与力度。第一，要加快自然资源开发利用与保护、环境污染防治、生态系统保护与修复等方面的市场化进程，让企业作为市场主体参与生态环境监管工作，提高其积极性和主动性。第二，要建立和拓宽环境信息的公开制度和渠道，促进政府与企业主动公开与环境相关的信息，包括环境质量监测、突发性环境事件、环境行政处罚等，重点排污单位要公开排污信息、防治污染设施运行情况、建设项目环境影响评估等，主动接受公众监督，使政府和企业的环保工作在阳光下运行。第三，适当降低非政府环保组织的准入门槛，引导社会力量参与生态环境保护领域的各项工作，畅通公众环境参与渠道，通过完善的沟通机制和协同合作平台，增强企业和公众参与环境保护的协同意愿。第四，完善环境公益诉讼制度，维护社会和公众的环境权益，加强社会团体和公众对于环境污染行为的监督，从而推动环境保护监督管理部门积极履行监管职责，形成“政府主导、公众参与、司法保障”的生态环境保护新格局。

创新跨区域生态环境监管体制机制。对于渤海综合治理、长江保护修复、黄河流域治理等跨区域工程，必须打破行政区域界线，建立全面、集中的环境联合执法工作制度和环保行政案件办理制度，统一区域内环境监察执法尺度，规范环境执法程序，实现跨流域、跨区域监管。对跨行政区域的污染纠纷和环境违法行为，各地区能够协作配合，联合查处。加快大区督察中心建设步伐，加强环境监察执法信息的连通性，帮助地方开展跨省市区域重大环境案件处理，协同查处跨界环境违法行为。要以全域的角度、整体的观念、系统的思维改革生态环境监管机制，破解生态环境监管难题，为打好污染防治攻坚战，建设美丽中国提供坚强支撑和有力保障。

第八讲 加强党对决胜全面建成小康社会的领导

党政军民学，东西南北中，党是领导一切的。中国共产党领导是中国特色社会主义最本质的特征，是中国特色社会主义制度的最大优势。党的十八大首次正式提出了全面建成小康社会这一战略决策。推进全面建成小康社会这项伟大事业，中国共产党的领导是最根本、最坚强有力的保证。当前，全面建成小康社会已经进入收官阶段，需要一以贯之加强党的领导和党的建设，不断增强党的政治领导力、思想引领力、群众组织力、社会号召力，为决胜全面建成小康社会提供坚强保证。

一、中国共产党领导是中国特色社会主义最本质的特征

“改革开放40年的实践启示我们：中国共产党领导是中国特色社会主义最本质的特征，是中国特色社会主义制度的最大优势。”[①] 这一论断，是我们党党建理论的最新成果，体现了中国共产党对马克思主义政党学说和社会主义发展规律的认识达到了新高度、新境界。

坚持党对一切工作的领导是由我们党的性质决定的。中国共产党是中国工人阶级的先锋队，同时是中国人民和中华民族的先锋队，是中国特色社会主义事业的坚强领导核心。我们党始终高举马克思主义伟大旗帜，把实现社会主义、共产主义作为奋斗目标，历经革命、建设和改革的锤炼，已经锻造为成熟的马克思主义政党。正是有了这一先进成熟政党的领导，才形成了中国特色社会主义道路、理论、制度、文化。如果弱化党的领导，甚至放弃党的领导，党的执政地位就会丢失，中国特色社会主义性质就会改变，中国人民接续奋斗取得的伟大成就也会毁于一旦。中国特色社会主义是党领导人民经过长期探索取得的根本成就，也只有在党的领导下才能不断向前发展。从根本上保证中国特色社会主义不变色、不变质，必须毫不动摇地坚持党的领导。

① 习近平:《在庆祝改革开放40周年大会上的讲话》，载《人民日报》2018年12月19日。

坚持党对一切工作的领导是历史和人民的选择。中国共产党自成立以来，领导全国人民进行了新民主主义革命，建立了中华人民共和国，确立了社会主义基本制度，开拓了改革开放的伟大实践，成功开创和发展了中国特色社会主义。“没有中国共产党，就没有新中国，就没有中国特色社会主义”，这绝不是一句空洞的口号，而是中国人民从长期奋斗中得出的最基本的结论。

坚持党对一切工作的领导是实现中华民族伟大复兴的根本保证。近百年来，为了实现中华民族伟大复兴的历史使命，我们党团结带领全国人民历经千难万险，付出巨大牺牲，取得了一个又一个伟大斗争的胜利。实践证明，坚持和加强党的全面领导，是党和国家的根本所在、命脉所在，是全国各族人民的利益所在、幸福所在，是战胜一切困难和风险的“定海神针”。今天，中国比历史上任何时期都更接近、更有信心和能力实现中华民族伟大复兴的目标。同时要看到，在实现中华民族伟大复兴的征程上，不知还要爬多少坡、过多少坎，要完成艰巨光荣的历史使命，战胜前进道路上的风险挑战，从根本上要靠党的全面领导，靠党把好方向。

党的十九届四中全会指出，我国国家制度和治理体系的第一个显著优势，就是“坚持党的集中统一领导，坚持党的科学理论，保持政治稳定，确保国家始终沿着社会主义方向前进的显著优势”，并明确，将完善坚定维护党中央权威和集中统一领导的各项制度，作为坚持和完善党的领导制度体系的重要内容。中国共产党始终注重维护党中央权威和集中统一领导，党从成立时就明确要求在全党建立统一组织和严格纪律。党的十八大以来，以习近平同志为核心的党中央，坚持把政治建设作为党的建设第一位，把维护党中央权威和集中统一领导作为党的政治建设的第一位，接连印发了《关于新形势下党内政治生活的若干准则》《中共中央政治局关于加强和维护党中央集中统一领导的若干规定》等党

姜涛／摄

2019 年 11 月 21 日，由中共中央对外联络部和江西省委共同举办的“中国共产党的故事——习近平新时代中国特色社会主义思想在江西的实践”专题宣介会在江西省南昌市举行，塞尔维亚、埃及、塞浦路斯、柬埔寨 4 国外宾围绕宣介会主题进行了对话讨论。当天，来自 60 多个国家、50 多个政党的 300 多名政党领导人和代表与会。

内重要法规，为维护党中央权威和集中统一领导提供了坚强制度保障。习近平总书记强调，坚决维护党中央权威和集中统一领导，是党的领导的最高原则，任何时候任何情况下都不能含糊、不能动摇。做到对党绝对忠诚，就是要铸就唯一的、彻底的、无条件的，不掺杂任何杂质和水分的忠诚，坚决听党指挥，积极为党尽责，严守党的政治纪律和政治规矩，始终在政治立场、政治方向、政治原则、政治道路上同党中央保持高度一致。

二、协调推进“四个全面”战略布局

全面建成小康社会、全面深化改革、全面依法治国、全面从严治党的“四个全面”战略布局，从坚持和发展中国特色社会主义全局出发，明确了新时代党和国家各项工作的战略目标和战略举措，为决胜全面建成小康社会、夺取新时代中国特色社会主义伟大胜利提供了战略指引。

“四个全面”战略布局是一个内容丰富的思想体系。全面建成小康社会，是我们党在新时代要实现的第一个百年奋斗目标，是战略目标。全面深化改革，是要坚持和完善中国特色社会主义制度，是推动中国特色社会主义事业发展的强大动力。全面依法治国，是要把中国共产党的领导贯彻落实到依法治国全过程和各方面，是实现党和国家长治久安的重要保障。全面从严治党，是要以党章为根本遵循，把党的政治建设摆在首位，统筹推进党的各项建设，锻造中国特色社会主义事业坚强领导核心。“四个全面”构成一个统一的有机整体，相辅相成、相互促进、相得益彰。习近平总书记强调，三大战略举措对实现全面建成小康社会战略目标一个都不能缺。一方面，“四个全面”是战略目标与科学方法的统一。“四个全面”战略布局作为一个整体全面协调推进，体现了全面、系统、联系的观点，彰显了战略思维、辩证思维、创新思维、历史思维、法治思维、底线思维。另一方面，“四个全面”战略布局是两点论与重点论的辩证统一。2015 年 1 月 23 日，习近平总书记在十八届中央政治局第二十次集体学习时的讲话中指出：“在任何工作中，我们既要讲两点论，又要讲重点论，没有主次，不加区别，眉毛胡子一把抓，是做不好工作的”。“四个全面”战略布局，既注重顶层设计、作出全面部署、提出系列要求，又注重突出战略重点、强调关键环节、找准突破口，为新时代中国特色社会主义建设指明了方向。

“四个全面”战略布局是履行中国特色社会主义新时代历史使命的必然要求。当前，不平衡、不协调、不可持续问题仍然突出，有法不依、执法不严、违法不究等问题仍旧存在，党风廉政建设和反腐败斗争形势依然严峻。习近平总书记在党的十九大报告中强调：“我们党要团结带领人民有效应对重大挑战、抵御重大风险、克服重大阻力、解决重大矛盾，必须进行具有许多新的历史特点的伟大斗争。”进行具有许多新的历史特点的伟大斗争，不仅需要高超的政治定力，更需要治国理政的战略布局，协调推进“四个全面”战略布局正是契合了“伟大斗争”的战略需要。“四个全面”是推进“伟大事业”的战略运筹。把握伟大事业基本支点进而找准着力点，是事关“伟大事业”成功与否的重大问题。当代中国正处于“两个一百年”奋斗目标的历史交汇期，改革、发展、稳定是我国社会主义现代化建设的三个重要支点，改革、发展、稳定任务之重前所未有，对党治国理政的考验之大前所未有。“四个全面”战略布局正是从新时代中国特色社会主义事业全局出发，从战略层面对推进伟大事业提出的治国理政重大方略。“四个全面”是推进党的建设新的伟大工程的内在要求。“四个伟大”紧密相连、相互作用，其中，党的建设新的伟大工程具有决定性作用。我们党只有始终成为时代先锋、民族脊梁，才能团结带领人民进行伟大斗争、推进伟大事业、实现伟大梦想。当前，党面临着“四大考验”的长期性和复杂性，“四种危险”的尖锐性和严峻性等矛盾问题，这些都要求党要管党、全面从严治党，不断通过深化

张娅子 / 摄

全面建成小康社会是“四个全面”战略布局之一，是战略目标。2020 年 1 月 8 日，2020 年全国乡村春晚集中展示活动启动仪式在合肥市巢湖经济开发区三瓜公社举办。演出通过艺术为民大舞台、全省联动多视角、欢天喜地年货节等十场特色活动，展示安徽省乡村振兴建设成果、全面建设小康社会发展成就。

改革来推进党的自我净化、自我完善、自我革新、自我提高，发挥好党总揽全局、协调各方的领导核心作用，不断从胜利走向新的胜利。“四个全面”是实现“伟大梦想”的根本要求。我们进行伟大斗争、伟大事业、伟大工程的共同目标是实现中华民族伟大复兴的中国梦。今天，我们比历史上任何时期都更接近、更有信心和能力实现中华民族伟大复兴的目标，我国日益走近世界舞台中央，但中华民族伟大复兴的梦想不是轻轻松松、敲锣打鼓就能实现的，必须协调推进“四个全面”战略布局。

习近平总书记反复强调，我国仍处于并将长期处于社会主义初级阶段的基本国情没有变，这一总依据是协调推进“四个全面”战略布局的现实前提。“四个全面”战略布局是立足总依据，推进总布局，进而实现总任务的总抓手，在党的治国理政科学体系中占据关键地位，发挥统领作用。“五位一体”总体布局明确了伟大事业的基本领域，构成中国特色社会主义建设全面推进的主体内容，而“四个全面”战略布局则明确了“五位一体”建设的发展目标、战略重点与根本保证，其中每一领域的建设都包含、贯彻并必须体现“四个全面”战略布局的要求。我们党统筹推进“五位一体”总体布局，协调推进“四个全面”战略布局，在经济建设、民主法治建设、思想文化建设、社会民生建设、生态文明建设、全面从严治党等各方面都取得了巨大成就，引领中国特色社会主义进入了新时代。“四个全面”战略布局从共产党执政规律、社会主义建设规律、人类社会发展规律的高度，科学地解决了中国特色社会主义的发展动力与战略支撑等一系列问题，成功地促进了我国社会的全面进步与人的全面发展。“四个全面”战略布局必将引领新时代中国特色社会主义事业走向新的胜利、新的辉煌。

三、提高党把方向谋大局定政策促改革的能力和定力

40 多年改革开放的风雨兼程，中华民族终于迎来了从站起来、富起来到强起来的伟大飞跃。但必须清醒地认识到，每前进一步都面临着一定的风险挑战，必须善于处理各种复杂矛盾，不断提高党把方向、谋大局、定政策、促改革的能力和定力，不畏惧各种艰难险阻，牢牢地把握工作主动权。

方向关乎根本、关系全局、关乎长远。政治方向更是关乎党的前途命运和事业兴衰成败，是党生存发展面临的第一位问题。把方向，就是要以习近平新时代中国特色社会主义思想为指导，坚持和发展中国特色社会主义，不断推进党的建设新的伟大工程，始终坚定中国特色社会主义道路自信、理论自信、制度自信、文化自信，始终保持战略定力，始终做政治上的明白人。要旗帜鲜明讲政治，自觉树立共产主义远大理想和中国特色社会主义共同理想，增强“四个意识”，坚定“四个自信”，做到“两个维护”，严守政治纪律和政治规矩，坚决响应党中央的号召、坚决执行党中央的决定、坚决不做党中央禁止的事情，不讲条件、不打折扣，确保各项决策部署畅通无阻、落地生根。要提高政治敏锐性，强化政治担当，增强政治历练，确保在大是大非面前立场特别坚定，在思

想上政治上行动上同党中央保持高度一致。要坚持用时代的要求、发展的要求自我审视，以强烈忧患意识自我警醒，以拼搏奋斗状态自我激励，以改革创新精神自我完善。

谋大局，不仅是辩证唯物主义和历史唯物主义的思想方法，也是一种工作方法的具体体现。习近平总书记多次强调，不谋全局者，不足谋一域，要善于观大势、谋大事，自觉在大局下想问题、做工作。要树立大局意识，思考问题、做具体工作都要自觉置身大局中谋划统筹，正确认识大局，客观对待大局，坚决维护大局，自觉服从大局。要善于把局部利益放在全局利益中去通盘把握，不能一叶障目，只见树木不见森林。要始终胸怀大局、顺应大势、把握大事，要有“功成不必在我”“功成必定有我”的气度胸襟，因势而谋、顺势而为，不断增强工作的科学性、前瞻性、系统性。要勇于担当，善于登高望远。改革发展已步入“船到中流浪更急、人到半山路更陡”的时候，面对错综复杂、风云变幻的国内外形势，要善于统筹协调各方，凝聚事业发展力量，不断提高谋大局的能力和定力。要自觉用党的创新理论武装头脑，充分认清党和国家的大局是什么，自觉把每项工作放在“五位一体”总体布局和“四个全面”战略布局中去思考、去谋划、去落实，跳出地方、部门利益羁绊，真正做到始终以党的事业为重。要树立正确政绩观，自觉服务服从大局，始终围绕中心，处理好全局与局部、长远与当前、集体与个人的关系，自觉服务大局、贡献大局，既对本职工作负责，也对全盘谋划负责。要运用唯物辩证法特别是矛盾分析法，善于抓住主要矛盾和矛盾的主要方面，切实牵住“牛鼻子”，狠抓各项工作落实。

政策是检验一个执政党性质和宗旨的试金石，是综合反映治国理政水平的重要标志。好的政策，自然能够最大限度地满足人民的意愿，同时可以深度滋养人民的品德修养。定政策，要坚持以人民为中心的发展思想，聚焦解决人民日益增长的美好生活需要和不平衡不充分的发展之间的矛盾，从人民所需、所盼的愿景出发，具体问题具体分析具体情况具体对待。习近平总书记强调，“没有人民支持和参与，任何改革都不可能取得成功。无论遇到任何困难和挑战，只要有人民支持和参与，就没有克服不了的困难，就没有越不过的坎。”① 正是因为我们党始终把人民立场作为根本立场，把为人民谋幸福作为根本使命，坚持全心全意为人民服务的根本宗旨，尊重人民意愿和首创精神，凝聚起众志成城的磅礴力量，改革开放才取得了辉煌成就。坚持以人民为中心，紧紧依靠人民推动改革开放，是经过实践检验得出的宝贵经验，也是中国特色社会主义事业发展取之不尽用之不竭的动力源泉。要始终把人民对美好生活的向往作为奋斗目标，坚持实事求是，坚持群众路线，充分尊重人民主体地位，尊重人民所表达的意愿、拥有的权利、创造的经验，充分激发蕴藏在人民之中的创造创新伟力。坚持理论学习和深入实践相结合，学以致用、学用结合，广泛深入开展调查研究，使政策决策、方案举措适应现实情况、遵循客观规律、解决实际问题。要紧紧抓住决策这个重中之重，加强对世情国情党情民情的分析研判，完善决策程序，增强法治意识，努力做到科学决策、民主决策、依法决策，让各项政策部署能够有力而响亮地回答“为了谁”“依靠谁”“我是谁”。

改革开放是坚持和发展中国特色社会主义的必然选择，是实现“两个一百年”奋斗目标、实现中华民族伟大复兴的必经途径。在庆祝改革开放 40 周年大会上，习近平总书记强调：“改革开放已走过千山万水，但仍需跋山涉水，摆在全党全国各族人民面前的使命更光荣、任务更艰巨、挑战更严峻、工作更伟大。”面对新时代、新要求、新任务、新挑战，要进一步推进思想再解放、改革再出发，不断提高改革的能力和定力，在全面深化改革的新起点上实现新的历史突破。要深入学习贯彻习近平

① 习近平：《切实把思想统一到党的十八届三中全会精神上来》，载《人民日报》2014 年 1 月 1 日。

陈文 / 摄

广东省深圳市是中国最早实行改革开放、影响最大、建设最好的经济特区，是全国改革开放的生动缩影。
图为深圳蛇口风貌。

新时代中国特色社会主义思想，深刻领会蕴含其中的世界观和方法论，正确处理改革发展稳定的关系；要坚持加强党的领导和尊重人民首创精神相结合，“摸着石头过河”和顶层设计相结合，问题导向和目标导向相统一，试点先行和全面推进相促进，改革决策和立法决策相衔接，确保改革开放行稳致远；要有将改革进行到底的勇气和魄力，敢于打硬仗、啃硬骨头、涉险滩，既大胆试、大胆闯，又坚持实事求是、善作善成，以更大的勇气和智慧、敢于担当的精神和行动、更有力度的措施和办法，聚焦体制机制顽疾、突破利益固化藩篱、聚焦关键环节和突出问题，将改革成效交由实践检验、群众评判，使每一个改革方案都落地见效。

四、毫不动摇把党建设得更加坚强有力

党的十九大报告提出了新时代党的建设总要求，坚持党要管党、全面从严治党，对党的建设新的伟大工程作出了顶层设计和战略部署，具有鲜明的时代特征，进一步丰富发展了马克思主义建党学说，为新时代推进党的建设新的伟大工程指明了方向，提供了根本遵循。

党的十九大报告强调："坚持和加强党的全面领导，坚持党要管党、全面从严治党，以加强党的长期执政能力建设、先进性和纯洁性建设为主线，以党的政治建设为统领，以坚定理想信念宗旨为根基，以调动全党积极性、主动性、创造性为着力点，全面推进党的政治建设、思想建设、组织建设、作风建设、纪律建设，把制度建设贯穿其中，深入推进反腐败斗争，不断提高党的建设质量，把党建设成为始终走在时代前列、人民衷心拥护、勇于自我革命、经得起各种风浪考验、朝气蓬勃的马克思主义执政党。"习近平总书记在十九届中央纪委四次全会上明确指出："党的十八大以来，我们探索出一条长期执政条件下解决自身问题、跳出历史周期率的成功道路，构建起一套行之有效的权力监督制度和执纪执法体系，这条道路、这套制度必须长期坚持并不断巩固发展。”[①] 这释放出了要把“严”的主基调长期坚持下去、毫不动摇地把党建设得更加坚强有力的重要信号。

政治建设作为党的根本性建设，决定党的建设方向和效果，对统一意志、协调一致具有重要作用。政治建设的首要任务是做到“两个维护”。要坚定执行党的政治路线，严格遵守政治纪律和政治规矩，任何时候任何情况下都同党中央保持高度一致。领导干部要带头坚定不移贯彻党中央各项决策部署，坚决反对搞两面派、做两面人，要始终如一、爱岗敬业，永葆共产党人政治本色。政治建设的关键途径是严肃党内政治生活，要加强学习，做理论上的明白人，严格落实“三会一课”、主题党日、组织生活会等制度。要尊崇党章，增强党内政治生活的政治性、时代性、原则性、战斗性。政治建设的重点环节是贯彻民主集中制，要坚持民主基础上的集中和集中指导下的民主相结合，既充分发扬民主，又善于集中统一，最大限度地激发全党的创造活力。

思想具有先导作用，思想建设是党的基础性建设。坚定理想信念是思想建设的核心要义，理想信念的大厦是建立在理论的清醒和自觉基础之上的。要坚持用习近平新时代中国特色社会主义思想武装头脑，真正在不断学懂弄通做实上下功夫，铸牢信仰之基、补足精神之“钙”。通过持续深入开展“不忘初心、牢记使命”主题教育，扫除思想尘埃，解决世界观、人生观、价值观这个“总开关”问题，做共产主义远大理想和中国特色社会主义共同理想的坚定信仰者和忠实实践者。打造有效载体是思想建设的有力抓手，思想建设归根结底是属于精神层面、主观层面的建设，必须具备有效载体，才能够落地生根、开花结果。党的群众

①《习近平在十九届中央纪委四次全会上发表重要讲话强调　一以贯之全面从严治党强化对权力运行的制约和监督　为决胜全面建成小康社会决战脱贫攻坚提供坚强保障》，载《人民日报》2020 年 1 月 14 日。

张娅子 / 摄

2019 年 11 月 13 日，安徽省合肥市雨花桥社区携手共建单位，开展“不忘初心、牢记使命”主题教育进社区活动之“身教重于言传”主题党员公益讲座活动，深入推进区域党建共建。

路线教育实践活动、"三严三实"专题教育、"两学一做"学习教育、"不忘初心、牢记使命"主题教育，起到了很好的效果，成了思想建设的重要抓手。

党的组织建设是全面从严治党的重要内容，主要包括党的基层组织建设、民主集中制建设、党员队伍建设和干部队伍建设等。党的工作最坚实的力量来自基层。党的基层组织是党在社会基层组织中的战斗堡垒，是党的全部战斗力的基础。加强基层组织建设，要着眼基本定位、基本属性，为党的政治路线服务，突出政治功能，履行政治责任。要不断创新活动方式，全面从严管理监督干部，把管政治、管思想、管作风、管纪律统一起来，着力解决一些基层党组织弱化、虚化、边缘化问题。党的干部是党和国家事业的骨干中坚力量，要坚持党管干部原则，坚持正确选人用人导向，德才兼备、以德为先，秉承事业为上、公道正派，把好政治关、品行关、廉洁关、作风关。要坚持党管人才原则，聚天下英才而用之，以识才的慧眼、爱才的诚意、用才的胆识、容才的雅量、聚才的良方，努力形成人人渴望成才、人人努力成才、人人皆可成才、人人尽展其才的良好局面。

作风建设，如逆水行舟，不进则退，既是攻坚战，也是持久战。根治"四风"顽疾是作风建设的重点，要坚持以上率下，巩固拓展落实中央八项规定成果，加大"四风"问题通报纠治力度。云南省城市建设投资集团有限公司的一次通报，让人们感受到了作风建设容不得半点含糊。这次通报对领导班子成员 10 人违规乘坐飞机头等舱 276 次，超标准金额共计 307194 元指名道姓，公开了"谁坐的""坐了多少次""超标准多少"，还将购票人、经办人、签字报账人、审核人、审批报销人等一一曝光[①]，惩前毖后、治病救人。要坚持开展批评和自我批评，坚持

①《云南省属国有企业刀刃向内，"自曝家丑" 问题自行晒 作风用心改》，载《人民日报》2020 年 1 月 9 日。

运用监督执纪“四种形态”，经常防微杜渐，多积尺寸之功。要强化纪律执行力，加强纪律教育，促使党员干部知敬畏、存戒惧、守底线。要坚持求真务实，紧盯不敬畏、不在乎、喊口号、装样子等突出问题，持续严治严纠，持续传导正风肃纪反腐的高压态势。

党的十九大把纪律建设纳入党的建设总体布局，是我们党历史上的第一次。政治纪律、组织纪律、廉洁纪律、群众纪律、工作纪律与生活纪律都是纪律建设的重要组成部分。纪律建设重在教育、重在监督，要以强化警示教育和日常监督为重点，为党员干部遵规守纪筑起“防火墙”。要坚持正风肃纪持之以恒，反腐败永远在路上，治标与治本相统一，实现政治清明、干部清正、政府清廉。要坚持无禁区、全覆盖、零容忍，毫不放松“打虎”“拍蝇”“猎狐”，坚持重遏制、强高压、长震慑，一体推进不敢腐、不能腐、不想腐。要加强对权力运行的制约和监督，旗帜鲜明反对特权思想，建立巡视巡察上下联动的监督网，充分发挥人民监督的威力，让权力在阳光下运行，把权力关进制度的笼子。强化自上而下的组织监督，改进自下而上的民主监督，注重发挥同级相互监督作用，切实加强对党员干部的日常管理监督。

五、夺取决胜全面建成小康社会的伟大胜利

2020年是全面建成小康社会的收官之年、攻坚之年、决胜之年。决胜阶段最为关键，冲锋时刻愈需奋勇。正如习近平总书记所指出的：“这个时跨本世纪头20年的奋斗历程到了需要一鼓作气向终点线冲刺的历史时刻。完成这一战略任务，是我们的历史责任，也是我们的最大光荣。”①

坚守人民立场。人民群众是历史的创造者，是历史发展和社会进步的主体力量。中国共产党始终坚持这一真理，始终把人民立场作为党的根本政治立场，始终依靠人民创造历史伟业，始终把为人民谋幸福、为民族谋复兴作为初心和使命。一是发展为了人民。习近平总书记强调，人民对美好生活的向往，就是我们的奋斗目标。我们党从成立之初就把人民的愿望变成自己的历史责任，就是要让人民过上好日子。全面建成小康社会，是党向人民、向历史作出的庄严承诺。二是发展依靠人民。人民是我们事业发展壮大的力量源泉，只要有人民支持和参与，就没有克服不了的困难，就没有迈不过去的坎。从“枫桥经验”到小岗村的“红手印”，再到广东蛇口“杀出一条血路来”，我们党的很多制度创新，都是来自群众的首创。全面建成小康社会同样需要依靠全国人民的共同努

① 习近平：《在党的十八届五中全会第二次全体会议上的讲话（节选）》，载《求是》2016年第1期。

力，全党全国同心同德，调动一切积极因素，同心协力，携手共进。三是发展需要人民认可。全面建成小康社会必须得到人民认可、经得起历史检验。全面建成小康社会不是一个“数字游戏”，如果只实现了增长目标，而没有解决好人民群众普遍关心的突出问题，即使我们宣布全面建成了小康社会，也不会得到人民群众的认同，全面小康的“含金量”也会大打折扣。因此，在保持经济增长的同时，更重要的是落实以人民为中心的发展思想，加快民生领域工作推进，顺应人民的美好生活需要，解决好教育、收入、就业、住房及社会保障、医疗卫生服务等群众急迫的现实问题，让人民群众满意了、认可了，让人民“安心、顺心、开心”，真正做到民有所呼、我有所应，才是真正全面建成了小康社会。

坚定必胜信心。蓝图已经绘制，全面建成小康社会不仅要全面解决中国人民的温饱问题，还要让中国人民过上比较富足、幸福、有尊严的生活，这在中国历史上是史无前例的巨大成就。中国共产党带领中国人民历经艰难险阻、风雨波折，最终都能够转危为安、发展进步。中华人民共和国用70多年的时间，创造了“两大奇迹”——世界罕见的经济快速发展的奇迹和社会长期稳定的奇迹。“今天，社会主义中国巍然屹立在世界东方，没有任何力量能够撼动我们伟大祖国的地位，没有任何力量能够阻挡中国人民和中华民族的前进步伐。”① 所以，我们有足够的理由和底气坚定必胜信心。我们的必胜信心，源于“四个自信”。党的十九届四中全会深刻指出了我们国家制度和治理体系13个方面的显著优势，明确“这些显著优势，是我们坚定中国特色社会主义道路自信、理论自信、制度自信、文化自信的基本依据”。这13个显著优势，既揭示了我们为什么会有“四个自信”，也揭示了我们为什么会有坚定全面建成小康社会的必胜信心。我们要保持政治定力、战略定力，紧密团结

① 习近平:《在庆祝中华人民共和国成立70周年大会上的讲话》，载《人民日报》2019年10月2日。

张 斌／摄

福建省龙岩市武平县城厢镇云寨村以生态引领、产业为本，从昔日“有女不嫁云寨郎”的穷山村变身为远近闻名的小康村，带动村民就业，带领村民共同致富。
图为云寨村一景。

在以习近平同志为核心的党中央周围，咬定青山不放松，一张蓝图干到底，善于对风险未雨绸缪、化危为机，善于对挑战迎难而上、奋力突围，集中精力办好自己的事，用信心促实绩，用实绩振信心，不断开创中国特色社会主义事业发展新局面。

坚持奋斗实干。岁月流年不停歇，奋斗实干永向前。全面建成小康社会是等不来、喊不来的，而是艰苦奋斗才能拼出来、干出来的。历史只会眷顾坚定者、奋进者、搏击者，而不会等待犹豫者、懈怠者、畏难者。我国正处于全面建成小康社会的决胜阶段，处于改革关键期、问题集中期、矛盾多发期。局面越是复杂，就越要与时间赛跑，奋进实干。无论顺境、逆境，只要坚持不懈地奋斗，就能转化为进步的阶梯。奋斗是实现国家富强的基础，实干是获得成就的前提。所有办法，只有在奋斗实干中才能找到；全部问题，只有在奋斗实干中才能解决；一切机遇，也只有在奋斗实干中才能抓住。要坚持稳字打底，稳中求进、以稳应变，既要在深化供给侧结构性改革上持续用力，保持经济稳定增长，又要守住防范化解重大风险、环境保护、安全的底线。要防止小风险演化成大风险，防止外部风险演化为内部风险，防止经济金融风险演化为社会政治风险，防止个别风险演化为系统性风险，为全面建成小康社会创造良好环境。要坚持“实”字当头，进一步抓重点、补短板、强弱项，撸起袖子加油干，越是艰险越向前，敢闯敢拼、善作善成，保持总攻态势，只争朝夕、不负韶华，用饱满的热情、冲锋的姿态、奋进的状态，担负起历史使命，努力奋斗、团结奋斗、接续奋斗，确保决胜全面建成小康社会完美收官，向中国共产党成立100周年献礼。

第九讲

激发和汇聚实现中华民族伟大复兴的磅礴力量

习近平总书记在党的十九大报告中指出："中国共产党一经成立，就把实现共产主义作为党的最高理想和最终目标，义无反顾肩负起实现中华民族伟大复兴的历史使命。"中国人民在中国共产党的领导下，已经大踏步赶上了时代潮流，谱写了中华民族发展史上的绚丽篇章。当前，全面建成小康社会目标即将实现，我们比历史上任何时期都更接近中华民族伟大复兴的目标，比历史上任何时期都更有信心、有能力实现这个目标。我们唯有只争朝夕、不负韶华，才能让承载着 14 亿中国人民伟大梦想的中华巨轮继续劈波斩浪、扬帆远航，胜利驶向充满希望的明天。

一、实现中华民族伟大复兴凝聚着几代中国人的夙愿

只有创造过辉煌的民族，才懂得复兴的意义；只有历经过苦难的民族，才对复兴有深切的渴望。中华民族就是有着这样经历的民族。2012年11月，习近平总书记在参观《复兴之路》展览时深情地说："中华民族的昨天，可以说是'雄关漫道真如铁'。近代以后，中华民族遭受的苦难之重、付出的牺牲之巨大，在世界历史上都是罕见的。但是，中国人民从不屈服，不断奋起抗争，终于掌握了自己的命运，开始了建设自己国家的伟大进程。"

鸦片战争后，由于西方列强的入侵和封建势力的腐朽，中国被拖入了半殖民地半封建社会的泥潭，战争天灾，山河破碎，中国人民生活在水深火热之中，但是顽强不屈的中国人民从来没有任人宰割，从未放弃恢复中华民族伟大荣光的努力。

为了挽救中国的命运，中国社会来自不同阶级的代表都曾经提出并实行过自己的主张。第二次鸦片战争之后，在奕䜣、曾国藩、李鸿章等洋务派的倡导组织下，以"中学为体，西学为用"为宗旨，打着"师夷长技以自强"的旗号，开办了一系列军事工业，并为了保证军事工业的经济稳定，开办了一系列民用工业。同时，洋务派还向海外派出了留学

富　田/摄

2019 年 10 月 1 日上午，庆祝中华人民共和国成立 70 周年大会在北京天安门广场隆重举行。图为群众游行中的伟大复兴方阵。

生学习西方先进的技术，在国内创办新式的陆军和海军，学习西方的军事制度。在国内创办新式学校，建立译馆翻译西方先进著作。他们先是开办了安庆军械所、江南制造总局、福州船政局等军事工业，后又采取官办、官督商办和官商合办等模式，开办了轮船招商局、上海机器织布局、兰州织呢局等民用工业，在国内建立起北洋、南洋、福州三支新式水师，向国外购买先进武器和舰船，修建了旅顺船坞和威海卫军港。虽然他们试图改变器物层面上的落后，挽救封建统治，但是仍然不可避免地带有浓厚的封建性、严重的腐朽性和对西方列强的依赖性，拒绝从根本上变革封建制度，因此，他们并没有真正找到一条带领近代中国走上富强的正确道路。

当时，由于农民阶级处在社会的底层，他们所遭受的痛苦最深，要求却最低，他们所追寻的是“温饱梦”。农民阶级先后掀起了太平天国运动和义和团运动。在鼎盛时期，太平天国夺取了清朝半壁江山，从金田村起义，到永安建制，太平天国的革命风暴从长沙卷到武昌。最终，太平天国攻陷安庆，攻下南京，建立了与清廷分庭抗礼十几年的政权，随后西征北伐，并重创华尔洋枪队，沉重打击了清朝封建势力和外国侵略者。义和团运动打着“扶清灭洋”的口号，以大刀长矛为武器，在廊坊车站击退入侵的八国联军，打死打伤300多人，沉重打击了外国侵略者瓜分中国的野心。但是农民阶级缺乏科学理论的指导，始终没能摆脱阶级的局限性，太平天国最终陷入旧式农民起义的循环，只谋求自己的私利。义和团则反对一切外来事物，砍电线，挖铁路，这种极端的排外并不能解决中国的问题，也未能挽救中国的命运。两者都没能摆脱旧式农民革命的桎梏，最终只能接受失败的命运。

中日甲午战争失败后，中华民族面临被瓜分的局面。1898年，以康有为、梁启超为代表的维新派人士，掀起了中国近代史上著名的戊戌变法。这是中国建立资产阶级君主立宪制的初步尝试，维新派的理论依据是康有为的《孔子改制考》《新学伪经考》等著作。在这些著作里，康有为借用儒学宣扬变法，把孔子包装成一个满怀进取精神、提倡民主思想、具有平等观念的人。同时，借此否定了当时保守派认为神圣不可侵犯的儒家经典，把它们斥为伪经，以宣扬变法的合理性。1898 年，康有为向光绪皇帝进呈了《日本变政考》等三部国外改革的著作。在书中，他向光绪皇帝陈述了变法的必要性，恳请光绪皇帝推行变法。在甲午战争失败的情绪之下，光绪皇帝于 1898 年 6 月 11 日颁布了《定国是诏》，宣布变法。康有为、梁启超、谭嗣同等人先后得到任用，参与变法。改革的制度一条条颁布：政治上，改革政府机构，裁撤冗员；经济上，鼓励私人兴办企业；文化上，开办新式学堂、翻译西方书籍、创办报刊、科举考试废除八股文等。这些措施的目的在于学习西方文化、科学技术，发展资本主义，建立君主立宪政体，但是因资产阶级的软弱性、斗争的不彻底性，戊戌变法仍然以失败的结局告终。之后，孙中山意识到把国家富强、民族复兴的希望寄托在清政府身上是行不通的，于是毅然走上了推翻清政府封建统治的道路。1894 年 11 月 24 日，在美国檀香山，中国历史上第一个资产阶级革命团体——兴中会诞生，在《兴中会章程》中，“振兴中华”第一次被提了出来。1895 年 2 月，孙中山在香港建立香港兴中会，此后数年，孙中山奔走在广州、惠州、伦敦、日本、越南、泰国等地，宣传革命，以图起事。1905 年 8 月，孙中山、黄兴等革命党人召集兴中会、华兴会等革命团体，在日本东京建立了中国历史上第一个资产阶级革命政党——同盟会。此后，越来越多的青年志士投入反清革命之中，武装起义此起彼伏。1911 年 4 月 27 日，广州黄花岗起义震动全国，虽然失败了，却给全国革命党人极大鼓舞。

1911 年 10 月，武昌起义掀起了新的革命高潮，各省纷纷独立，辛亥革命推翻了中国最后一个封建王朝，结束了在中国延续两千多年的封建帝制，成立了中国历史上第一个资产阶级性质的民主共和国。辛亥

楚天行／摄

武昌起义又称辛亥首义、武汉首义，是指 1911 年 10 月 10 日（农历辛亥年八月十九）在湖北武昌发生的一场旨在推翻清朝统治的兵变，也是辛亥革命的开端。
图为位于湖北省武汉市的辛亥革命博物馆。

革命的意义是伟大的，尽管从实际效果上看，中国的社会性质和人民的生活还是和之前一样，但是中国进步的大门由此打开了。从孙中山在兴中会第一次提出“振兴中华”的口号开始，到辛亥革命，100多年来，一代代中华儿女为了中华民族伟大复兴的中国梦而不懈奋斗。对此，习近平总书记指出：“实现中华民族伟大复兴，就是中华民族近代以来最伟大的梦想。这个梦想，凝聚了几代中国人的夙愿，体现了中华民族和中国人民的整体利益。”[①]中华民族的追梦之路艰辛而又曲折，复兴中华民族的梦想一直萦绕在几代中国人的心间。为了这个梦想，中国人民一次次跌倒，又一次次爬起来，中华民族在不懈奋斗的同时也在寻找着让这个民族复兴的钥匙。

历史是最好的评委，大浪之后才能淘出真金。纵观整个20世纪，北京、上海等大城市先后出现了数百个政党和政治团体，他们来自不同的阶级，有着不同的利益诉求，最后大多数都黯然离场。不管是地主阶级推动的洋务运动，资产阶级改良派领导的维新变法还是革命派发起的辛亥革命，都没能改变旧中国的社会性质和人民的悲惨命运。他们失败的原因，从根本上说，是缺乏科学先进的理论指导、先进的阶级领导和正确的纲领，没有科学先进的理论指导就没有前进的方向，没有先进的阶级领导就缺乏斗争的根基，没有正确的纲领就无法得到群众的支持和认可，所以他们的失败是必然的。直到以马克思列宁主义为指导的中国共产党的出现，中华民族才看到了国家和民族的希望，才看到了中华民族伟大复兴的希望。

①《习近平谈治国理政》，外文出版社2014年版，第36页。

二、中国共产党义无反顾肩负起实现中华民族伟大复兴的历史使命

十月革命一声炮响，给中国送来了马克思列宁主义，给当时陷入迷茫的中国知识分子极大的希望，中国人民这才真正找到了实现民族解放、通往理想社会的光明大道。从嘉兴南湖出发，一代代中国共产党人抛头颅洒热血，用自己的方式践行着复兴中华民族的责任和使命。

1921 年中国共产党成立后，以毛泽东为主要代表的中国共产党人，把马克思列宁主义的基本原理同中国革命的具体实践结合起来，开辟了一条农村包围城市、武装夺取政权的革命道路。在 28 年的革命斗争里，中国共产党战胜了日本侵略者、国民党反动派，带领全国人民取得了新民主主义革命的胜利。1949 年 10 月，毛泽东在天安门城楼庄严地向全世界人民宣布中华人民共和国成立，这不仅标志着近代以来中国人民梦寐以求的民族解放和国家独立终于实现了，还标志着中华民族开始走向复兴，也是中国梦新的起点。

中华人民共和国成立以来，在中国共产党的领导下，全国呈现出一种昂扬向上的氛围，因为无数的中国人民知道，在中国共产党的领导下，中国人民正走在一条正确的道路上。各行各业的人们在时代的感召之下，积极投身于社会主义建设之中。时传祥、王进喜就是当时最好的代

表。全国人民在中国共产党的正确领导下努力拼搏奋斗，“一五”计划、三大改造先后完成，这些都为当代中国的一切发展进步提供了保障、奠定了基础。党的十一届三中全会的召开，解放了人民的思想，经济建设重新成为工作重点。党和国家开始改革开放，农村取得了巨大的经济成就，最根本的是实行了家庭联产承包责任制，“大包干”和“包产到户”成为20世纪80年代农村的“主流”，无数吃国家救济粮的村镇第一次交上了公粮，粮食产量也上去了，大大提高了农民的劳动积极性。1984年10月，党的十二届三中全会通过了《中共中央关于经济体制改革的决定》，指出社会主义经济是公有制基础上有计划的商品经济，城市经济改革开始推进，企业得到了更多的经营自主权，职工的工资改革也开始进行，同时深圳等四个经济特区的建立，标志着开放的窗口在中国打开了。随着改革开放的持续深入，丰富的实践成果证明了在中国走中国特色社会主义道路是正确的。之后，中国共产党人朝着一代代前辈所开辟的中国特色社会主义道路奋力前行，继续朝着实现中华民族伟大复兴的目标不断前进。

党的十八大以来，在以习近平同志为核心的党中央的坚强领导下，在全党全军全国各族人民共同奋斗之下，中国特色社会主义进入了新时代，这表明久经磨难的中华民族已经迎来了从站起来、富起来到强起来的伟大飞跃。我国经济建设成绩斐然，持续保持中高速增长，2019年国内生产总值增长到99万亿元，稳居世界第二，对世界经济增长贡献率超过30%。数字经济等产业蓬勃发展，基础设施建设加快推进，农业现代化稳步推进，粮食生产能力超过1.3万亿斤，城镇化率在2019年首次超过60%，“一带一路”建设、京津冀协同发展、长江经济带发展成效显著，全面深化改革取得重大突破，扶贫攻坚决战决胜取得决定性进展。从2012年到2019年，中国农村贫困人口从9899万人减少至551万人，累计减少9348万人。2019年，中国农村又减少贫困人口1000万人以上，

王中举 / 摄

国家统计局公布的全国粮食生产数据显示，2019 年全国粮食总产量 66384 万吨（13277 亿斤），比 2018 年增加 594 万吨（119 亿斤），增长 0.9%，创历史最高水平。

图为 2019 年“中国农民丰收节”，河南栾川鸡冠洞农民用当地的猕猴桃、山楂、大枣、板栗和玉米等山货和粮食，绘制出边长为 7 米的大型丰收图，共庆丰收。

贫困县脱贫摘帽340个左右，人民生活得到不断改善，一大批惠民措施落地实施，人民获得感显著增强。

为实现中华民族伟大复兴这一伟大梦想，几代中国共产党人一直在努力拼搏，从来不曾忘记肩上的责任，从来不曾停下追梦的脚步，始终带领全国人民一道，战胜了一个个敌人，攻克了一道道难关，谱写了一曲曲震撼人心的壮丽史诗。梦在心里，路在脚下，相信在中国共产党的坚强领导下，中国人民必将创造人类历史上的发展奇迹，实现中华民族的伟大复兴。

三、中国梦的本质是国家富强、民族振兴、人民幸福

中国梦是昨天的、今天的，也是明天的。这是我们今天这一代中国人的目标，也是我们对过去先人追求美好生活、追求进步的光荣传统的继承和发展。习近平总书记强调："历史告诉我们，每个人的前途命运都与国家和民族的前途命运紧密相连。国家好，民族好，大家才会好。"①"实现中华民族伟大复兴的中国梦，就是要实现国家富强、民族振兴、人民幸福，既深深体现了今天中国人的理想，也深深反映了我们先人们不懈奋斗追求进步的光荣传统。"②

中国梦是强国梦，国家富强是中国梦的前提。党的十九大报告提出，到21世纪中叶要把我国建成富强民主文明和谐美丽的社会主义现代化强国。从根本上说，基本途径就是要实现经济、政治、文化、社会、生态文明建设现代化和国防军队实力的提升。国家富强的基础是经济实力的发达，国家的各项事业开展都需要经济的支持，没有雄厚的经济基础，没有国家的"富"很难实现国家的"强"。最好的例子就是美国，美国从1870年以来，经济总量就占据了世界榜首，因此能够成为世界头号

①《习近平谈治国理政》，外文出版社2014年版，第36页。

② 同上书，第39页。

强国。虽然我国目前已经成为世界第二大经济体，对世界经济的贡献率也越来越高，但是我国仍然只是经济大国，人均经济水平还没有达到发达国家的水平。我们必须大力进行经济建设，为中华民族伟大复兴的中国梦提供坚实的物质基础。人民创造历史，政治建设的前提是人民目标和国家目标的统一、人民利益和国家利益的统一，我们要坚持党的领导和我国根本政治制度，不断充实、落实中国特色社会主义政治的具体内容，实现更高水平的社会主义政治文明。中国共产党的最大政治优势是密切联系群众，党执政后的最大危险是脱离群众。保证人民主体性的核心是人民民主，只有始终坚持以人民为中心的发展思想，不断发展完善我国的各项民主制度，才能降低国家的治理成本，保障社会主义经济的平稳运行。文化是国家的灵魂、民族的血脉，是一个民族传承和发展最根本、最深沉、最持久的力量，也是凝聚民族向心力，增强民族自信心，团结各族人民共同奋斗的坚强基石。必须坚持马克思主义，牢固树立共产主义远大理想和中国特色社会主义共同理想，培育和践行社会主义核心价值观，不断增强意识形态领域主导权和话语权，推动中华优秀传统文化创造性转化、创新性发展，继承革命文化，发展社会主义先进文化，不忘本来、吸收外来、面向未来，更好构筑中国精神、中国价值、中国力量，为人民提供精神指引。社会建设集中体现了社会主义性质。以人民为中心的社会建设是党的基本政治原则，社会主义的社会建设，就是要提高社会保障和改善民生水平，建设共同发展、共同繁荣、共同富裕的社会主义社会，使社会主义制度的优越性真正落到实处。社会主义的优越性在于能够全面惠及十几亿中国人民，提高人民的福祉，使人民享有富裕、体面的生活，更高程度的受教育水平，更全面、实惠的医疗保障，更完善的就业机制，质量相对高的公共服务，更加公平地享有发展的成果。社会建设是国家富强最全面最具体的体现，它体现在老百姓生活的方方面面，与老百姓的生活息息相关，只有社会建设完善了，人民享受到切实的好处了，才会真心拥护社会主义、拥护中国共产党。生态文明建设是中国国情的要求。当前中国的生态环境治理和保护虽然取得了一定的成果，但依然存在不少问题。历史的经验告诉我们，生态兴则文明兴，古埃及、古巴比伦、古印度和玛雅文明的例子都告诉我们，如果发展不考虑生态的承载能力，大肆破坏，以生态换发展，最终毁灭的是文明本身。当前我国社会的主要矛盾是人民日益增长的美好生活需要和不平衡不充分的发展之间的矛盾，美好生活需要既有物质方面的需要，也有美丽宜居的生活环境的需要。处理好人与自然的关系，使人与自然和谐相处，既是中国国情的需要，也是国家富强的要求。巩固国防和强大军队是新时代坚持和发展中国特色社会主义、实现中华民族伟大复兴的战略支撑。我国正处在由大向强发展的关键阶段，前所未有地接近世界舞台中央，前景十分光明，挑战也十分严峻。国防和军队建设是国家安全的坚强后盾，军事手段是实现伟大梦想的保底手段。把军队搞得更强大，这样底气才足、腰杆才硬。要全面推进国防和军队现代化，确保实现党在新时代的强军目标，把人民军队全面建成世界一流军队，永葆人民军队的性质、宗旨、本色。

中国梦是复兴梦，要实现民族振兴。民族振兴是中国梦实现的关键，也是人民幸福的重要保障。中华民族有着5000多年悠久的历史，在这漫长的岁月里，中华民族为人类历史和文明作出了卓越的贡献，但是近代以来，由于封建势力的故步自封，中华民族开始落后于时代，西方的炮火击碎了民族的尊严，整个民族也陷入了低谷。民族振兴是中华民族对于历史命运的主动把握，正是民族振兴的热烈愿望，鼓舞着一代代中华儿女奋起抗争。在革命战争年代，民族振兴体现在一次次抵抗外族侵略和反抗国内腐朽阶级统治的战争中。在社会主义建设时期和改革开放新时期，民族振兴体现在各行各业的人们积极投身建设，为社会主义事业添砖加瓦，努力奋斗，促进经济、政治、文化、教育、体育等事业的

盛佳鹏 / 摄

2019 年 10 月 1 日，庆祝中华人民共和国成立 70 周年大会在北京天安门广场隆重举行。图为受阅的东风 -17 常规导弹方队。

进步之中。民族振兴就是要提高中华民族在世界上的地位，使中华民族以更加昂扬的姿态巍然屹立于世界民族之林，能够为人类作出新的更大的贡献。

中国梦是幸福梦，要实现人民幸福。中国共产党人的初心和使命就是为中国人民谋幸福，为中华民族谋复兴。习近平总书记多次指出，中国梦最根本的就是实现中国人民的美好生活，人民的幸福生活才是共产党人的追求。我们党始终坚持全心全意为人民服务的根本宗旨，始终坚持“立党为公、执政为民”的执政理念，始终坚持把人民生活得更幸福作为一切工作的出发点和落脚点，国家梦、民族梦只有建立在个人梦想的基础上，中国梦才会真实，才会有价值。因此，人民幸福是中国梦的核心价值所在，因为中国梦说到底就是人民的梦，因为不管是国家的强国梦，还是民族的振兴梦，都是由亿万个家庭的家庭梦组成的。马克思主义告诉我们，人民，只有人民，才是创造世界历史的动力。我们要实现中国梦，就是要确保每一个中国人民的人生梦想能够实现。人民幸福，就是要坚持以人民为中心，确保人民的福祉，促进每个人的发展进步，实现全面小康和共同富裕。

中国梦把国家、民族和人民共同的追求融合了起来，三者之间并不是孤立的，而是互相联系的。没有国家梦、民族梦的实现，人民的梦想得不到保障；人民的梦无法实现，国家梦和民族梦也只是空中楼阁，复兴也是空谈，三者的利益是统一的。中国梦体现了中华民族和中国人民的整体利益，也体现了中国人民的共同愿望。中国梦不只是中国人民的梦想，也与世界人民的幸福追求紧紧联系在一起。中国共产党的最高理想是实现共产主义，实现共产主义就是解放全人类，实现世界大同。因此，承担更多的国际责任，中国与世界上所有热爱和平和发展的人们一道，共同致力于实现世界和平、共同发展的世界梦，为人类文明作出更大的贡献，是中国共产党历史使命的题中应有之义。

四、实现伟大梦想必须进行伟大斗争，建设伟大工程、推进伟大事业

行百里者半九十。中华民族伟大复兴，绝不是轻轻松松、敲锣打鼓就能实现的，必须准备付出更为艰巨、更为艰苦的努力。以习近平同志为核心的党中央结合中国的现实国情，统筹推进“五位一体”总体布局，协调推进“四个全面”战略布局，通过推进党的建设新的伟大工程，进行具有许多新的历史特点的伟大斗争，推进中国特色社会主义伟大事业，最终实现中华民族伟大复兴的伟大梦想。“四个伟大”相互贯通，具有深刻的理论和实践意义。

党的十九大报告指出，实现中华民族伟大复兴是近代以来中华民族最伟大的梦想。中华民族的伟大复兴符合全体中国人民和整个中华民族所有的追求和愿望，因此可以激发出强劲的动力，一代代中华儿女正是在这样的动力的支持下，才能战胜一个个敌人，克服一道道难关，取得今天的伟大成就。中华民族伟大复兴的梦想是中华民族不竭的动力之源，是我们民族精神意志的力量源泉。中国特色社会主义进入新时代，国内外局势瞬息万变，改革面临的问题和挑战也此起彼伏。在这样的局势下，更需要伟大梦想为我们的党、为我们的国家和民族、为我们每一个中国人民提气鼓劲，最终完成中华民族伟大复兴的神圣使命。

实现伟大梦想，必须进行伟大斗争。伟大斗争是总抓手，是中国共产党战斗品格的彰显。在今后相当长的一个历史时期内，我国的发展将会面临更多的风险和挑战，而且，我们要面临的斗争是方方面面的：全面从严治党、坚持马克思主义在意识形态领域的指导地位、全面深化改革、推进供给侧结构性改革、推动高质量发展、消除金融领域隐患、保障和改善民生、打赢脱贫攻坚战、治理生态环境、应对重大自然灾害、全面依法治国、打击黑恶势力、维护国家安全，等等，这些都要求我们积极投身于斗争之中，勇于面对困难，迎接挑战不退缩，有原则有担当，不退让不妥协，不断夺取伟大斗争的新胜利。因此，伟大斗争是复杂的、长期的、艰巨的，这就要求中国共产党人要在斗争中磨炼自我，以“踏平坎坷成大道，斗罢艰险又出发”的顽强意志，不断夺取斗争的胜利。当然，伟大斗争要注意斗争方式、斗争策略，要能斗争、会斗争。我们要学会区别事物的主要矛盾和矛盾的主要方面，坚持宽严相济、选择合理的斗争方式，处理好原则和方法问题，要根据实际情况确定恰当的斗争策略，争取一切的力量和积极因素，夺取斗争的胜利。斗争精神和斗争本领不是天生的，而是在一次次的斗争中锻造而成的，因此要主动经受思想上、政治上和实践上的锻炼，在复杂、艰巨、长期的斗争中磨炼斗争精神和斗争本领，“炼丹炉”才能炼出“火眼金睛”，只有在复杂的斗争中才能得到锻炼成长，才能成为真正的共产主义战士。勇于斗争的同时，还要深入研究马克思主义基本理论和马克思主义中国化新成果，掌握其中的立场、观点和方法，有敢斗争、会斗争的觉悟，做到理论上清醒、政治上坚定。

实现伟大梦想，必须建设伟大工程。伟大工程是根本保证，是我们党发展壮大的关键。建设伟大工程在“四个伟大”中的历史最为悠久，早在 20 世纪 30 年代，毛泽东就把党的建设和武装斗争、统一战线合称为中国革命胜利的三大法宝。毛泽东认为，在三大法宝中，党的建设是关键，因此他把党的建设称为“伟大工程”。中国共产党作为中国工人阶级的先锋队，作为中国人民和中华民族的先锋队，是国家所有事业发展的领导核心，抛开中国共产党谈复兴是不现实的。既然肩负着历史使命，我们党就必须保持自身的纯洁性和先进性，“打铁必须自身硬”，习近平总书记在党的十九大报告中强调：“我们党要始终成为时代先锋、民族脊梁，始终成为马克思主义执政党，自身必须始终过硬。全党要更加自觉地坚定党性原则，勇于直面问题，敢于刮骨疗毒，消除一切损害党的先进性和纯洁性的因素，清除一切侵蚀党的健康肌体的病毒，不断增强党的政治领导力、思想引领力、群众组织力、社会号召力，确保我们党永葆旺盛生命力和强大战斗力。”“确保党在世界形势深刻变化的历史进程中始终走在时代前列，在应对国内外各种风险和考验的历史进程中始终成为全国人民的主心骨，在坚持和发展中国特色社会主义的历史进程中始终成为坚强领导核心。”① 中国共产党在成立之初全国只有 50 余名党员，在今天已成为拥有 9000 多万名党员的世界第一大党。中国共产党之所以能成为世界上最大、最坚强有力的执政党，其中最重要的原因就在于中国共产党一直都很重视党的建设，始终注重从组织、思想到肌体的健康和更新。正因为如此，我们党在党建工作上积累了丰富的经验，始终坚持把党的政治建设摆在首位，思想建党和制度治党同向发力；坚持立党为公，执政为民，保持党与人民群众的血肉联系等。

实现伟大梦想，必须推进伟大事业。中国特色社会主义是改革开放以来党的全部理论和实践的主题。中国特色社会主义是我们党领导中国人民近百年来最大的成果和经验，我们党走出的中国特色社会主义道路始终是立足中国、立足人民的。历史已经证明，中国特色社会主义事业必须与中国共产党的发展紧密结合，推进中国特色社会主义伟大事业就

① 习近平：《决胜全面建成小康社会　夺取新时代中国特色社会主义伟大胜利——在中国共产党第十九次全国代表大会上的报告》，载《人民日报》2017 年 10 月 28 日。

罗星汉 / 摄

在第二批“不忘初心、牢记使命”主题教育中，贵州省遵义市党员干部在红军烈士陵园重温入党誓词，接受革命传统教育，在学习教育中查找差距。

是推进中华民族的伟大复兴，就是为中国人民谋幸福。只有始终坚持推进中国特色社会主义伟大事业，克服发展不平衡不充分的问题，始终坚持满足人民日益增长的美好生活的需要，我们党才能始终获得人民的拥戴。一代人有一代人的使命，新时代中国共产党的使命就是要推进中国特色社会主义伟大事业。这一伟大事业与中华民族、中国人民的命运息息相关。我们要增强道路自信，坚持中国特色社会主义道路，吸取过去所走弯路、错路的教训，务实地为社会主义现代化而奋斗，真诚地服务于人民的美好生活；我们要增强理论自信，坚持中国特色社会主义理论体系，全面贯彻习近平新时代中国特色社会主义思想，提高理论水平，坚定马克思主义信仰，为中国特色社会主义伟大事业的实践提供理论指导；我们要增强制度自信，坚持中国特色社会主义制度，不断提升、完善中国特色社会主义相关制度，探索中国特色社会主义制度的优势所在和实践价值，完善人民当家作主的实践可行性，进一步彰显中国特色社会主义制度在全世界范围内的优越性；我们要增强文化自信，坚持中国特色社会主义文化，注重从5000多年中华优秀传统文化，党领导人民在革命、建设、改革中创造的革命文化和社会主义先进文化中吸取文化因子，丰富中国特色社会主义文化的内涵，并大力推广宣传，提升中国特色社会主义文化的世界影响力，为中国特色社会主义伟大事业提供精神动力。

伟大梦想不是轻易能够实现的，中国梦也不是嘴上说出来的，而是一个脚印一个脚印走出来的。在这个百舸争流的时代，每个国家每个民族都在努力前行，我们绝不能满足于已经取得的成绩，不能犯历史上固步自封、骄傲自满的错误。必须统揽伟大斗争、伟大工程、伟大事业和伟大梦想，不断进取，努力拼搏，只争朝夕，不负韶华，夺取新时代中国特色社会主义事业伟大胜利，为实现中华民族伟大复兴的中国梦而不懈奋斗。

后记

2020年是具有里程碑意义的一年。这一年，我们既要全面建成小康社会、实现第一个百年奋斗目标，又要乘势而上开启全面建设社会主义现代化国家新征程，向第二个百年奋斗目标进军。全面建成小康社会顺利完成，必将激发和汇聚实现中华民族伟大复兴的磅礴力量。本书旨在帮助读者了解把握全面建成小康社会的重大意义、战略举措、重大任务、领导核心等内容，进一步激发紧紧把握历史机遇期的自信和豪迈，凝聚决胜全面建成小康社会的精气神，扎实苦干、迎难而上、闯关夺隘，向着既定目标奋勇前进。

本书由程勤主编，李斌、姚芳、廖莉娟、王啸岩为副主编。各部分的撰稿人依次为：第一讲，李媛媛；第二讲，尚选彩、廖莉娟；第三讲，赵璐璐；第四讲，代翠翠；第五讲，李德芳；第六讲，黄玉莹；第七讲，郝梦璇、廖莉娟；第八讲，夏珍珍；第九讲，黄兆丰、廖莉娟。程勤、李斌、王啸岩进行了统稿和校对。本书的撰写得到了国防大学学科学术带头人洪保秀教授的精心指导，在此表示感谢。

本书在撰写过程中，参考借鉴了众多专家学者的学术研究成果，在此一并表示感谢。由于时间仓促、水平有限，书中难免有疏漏不足之处，请读者朋友批评指正。

图书在版编目（CIP）数据

决胜全面建成小康社会九讲 / 程勤主编 .—北京：东方出版社，2020.5

ISBN 978-7-5207-1505-8

Ⅰ . ①决…　Ⅱ . ①程…　Ⅲ . ①小康建设—中国—文集　Ⅳ . ① F124.7-53

中国版本图书馆 CIP 数据核字（2020）第 061871 号

决胜全面建成小康社会九讲

（JUESHENG QUANMIAN JIANCHENG XIAOKANG SHEHUI JIUJIANG）

作　　者：程　勤
责任编辑：孔祥丹　杨润杰
责任校对：金学勇
出　　版：东方出版社
发　　行：人民东方出版传媒有限公司
地　　址：北京市朝阳区西坝河北里 51 号
邮　　编：100028
印　　刷：三河市龙大印装有限公司
版　　次：2020 年 5 月第 1 版
印　　次：2020 年 5 月北京第 1 次印刷
开　　本：710 毫米 ×1000 毫米　1/16
印　　张：14.5
字　　数：180 千字
书　　号：ISBN 978-7-5207-1505-8
定　　价：49.00 元
发行电话：（010）85924663　85924644　85924641